一部《论语》就是君子养成的最好教材。

中国古代文人追求圣贤之德与圣贤气象，从内心到外表，从言辞到行动。优雅而高贵，洁净而通达，精微而宏阔，慈爱而超拔。

与圣贤相感通，通达圣人曾经的通达，才是体悟经典的方法。经典存心，孔孟老庄就在眼前，谆谆教诲，不曾一刻弃我们而去。

对问道者来说，信是宗教情感的核心，道的自在和破除苦难的真实性，是我们恒信的真理。

SHENGREN QIXIANG
CONG WEIXUE DAO WEIZHENG

圣人气象（一）

从为学到为政

虚白　学恒　曾伟◎著

中国经济出版社
CHINA ECONOMIC PUBLISHING HOUSE
北 京

图书在版编目（CIP）数据

圣人气象：从为学到为政．1／虚白，学恒，曾伟著．
北京：中国经济出版社，2016．1
ISBN 978－7－5136－3969－9

Ⅰ．①圣… Ⅱ．①虚… ②学… ③曾… Ⅲ．①儒家 ②《论语》—研究 Ⅳ．①B222．25

中国版本图书馆 CIP 数据核字（2015）第 221537 号

责任编辑　李煜萍
责任审读　贺　静
责任印制　马小宾

出版发行　中国经济出版社
印 刷 者　北京科信印刷有限公司
经 销 者　各地新华书店
开　　本　710mm×1000mm　1/16
印　　张　14．25
字　　数　200 千字
版　　次　2016 年 1 月第 1 版
印　　次　2016 年 1 月第 1 次
定　　价　42．00 元
广告经营许可证　京西工商广字第 8179 号

中国经济出版社 **网址** www．economyph．com **社址** 北京市西城区百万庄北街 3 号 **邮编** 100037
本版图书如存在印装质量问题，请与本社发行中心联系调换（联系电话：010－68330607）

前 言

读《论语》时，我的脑海里经常会浮现出这样的景象：像子贡、子路、颜渊这些孔子的学生该有多幸福啊！他们围坐在圣人身边，能时常瞻仰圣人气象不说，一有困惑，随时可以“就有道而正焉”。

其实，仔细一想，最幸福的应该是作为当代中国人的我们自己！只要一部《论语》在手，我们不但能读到孔子与弟子之间的对话，而且两千五六百年前的圣贤是如何学习、修行的画面，可以毫无障碍地通过字里行间呈现在我们的面前，即使有些话语因为时代的原因，我们不知背景、不得其解，但历代的圣贤大师又替我们作了大量注释，加上信息化时代的赐福，只要手勤、脑勤，总是可以大致了解孔子及其弟子的所思、所说、所行的。我们比子贡他们幸福何止十倍、百倍?!

有孔子，中国人是何等的幸福！

为什么这么说?

大教育家柳诒徵这样说：“孔子者，中国文化之中心也，无孔子则无中国文化。自孔子以前数千年之文化赖孔子而传，自孔子以后数千年之文化赖孔子而开。”德国哲学家卡尔·雅斯贝尔斯认为：公元前500年前后300年（大约600年）的时间里，是世界文化的“轴心时期”，像佛陀、苏格拉底、孔子等世界级的圣人在这一时期纷纷诞生了，世界文明在这一时期取得了前所未有且后人至今仍无法逾越的大突破。孔子被尊于世界级圣人之列，是中华民族繁衍生息和中华文明创新进步之大幸。

孔子是我中华优秀传统文化最具代表性的符号象征。

习近平总书记对中华优秀传统文化的大力倡导和弘扬引起了我对传统文化的浓厚兴趣。

2014年2月习近平同志在主持政治局第十三次集体学习时强调指出，培育和弘扬社会主义核心价值观必须立足中华优秀传统文化。要深入挖掘和阐发中华优秀传统文化的时代价值，使中华优秀传统文化成为涵养社会主义核心价值观的重要源泉。习总书记用六句话对中华优秀传统文化进行了概括："讲仁爱、重民本、守诚信、崇正义、尚和合、求大同。"这一概括言简意赅，意义重大。

2014年9月24日，在纪念孔子诞辰2565周年国际学术研讨会上习近平同志又指出："当代中国是历史中国的延续和发展，当代中国思想文化也是中国传统思想文化的传承和升华，要认识今天的中国、今天的中国人，就要深入了解中国的文化血脉，准确把握滋养中国人的文化土壤。"他说："研究孔子、研究儒学，是认识中国人的民族特性、认识当今中国人精神世界历史来由的一个重要途径。"

受这些话语的启发，我重新拿起了此前似懂非懂的《论语》。

同时，我想起了我的两位好友。

一位是我的博士师兄，就是正文对话中的"虚白"。在我眼里，虚白师兄是真正的"博士"：他是清华大学工程物理系的本科、历史系的硕士，中国人民大学经济学院毕业的经济学博士。他对传统文化的研究和传承让我有一种"仰之弥高、钻之弥坚"的感慨：他的《论语》学术思想的授业师是钱穆之子——钱逊先生，他对《论语》中关于"攻乎异端"的阐释让我耳目一新；但他最擅长还是对道家和《周易》的研究；此外，他对佛学的研究也相当精深。

另一位是曾伟先生。他是一位企业家，是管理变革领域独树一帜的人物，是一位有在中国管理学界"开宗立派"情怀的管理型学者，他开辟的"管理禅学派"深得中小制造业企业家的拥戴；他还是广东六祖寺的亲传弟子，对佛家理论的研究和修行也有独到的体悟。

基于这样的“资源禀赋”，我居间搭了一座桥，把两位专家凑在一起，成立了一个学习小组，目的是在一起共读中华经典；并计划创造条件，在弘扬中华优秀传统文化方面做一些力所能及的工作。鉴于孔子在中华文化中无可替代的独特地位，《论语》成了我们共读经典的首选。

由于曾伟先生家住广州，我们聚少离多，即使他常来北京，白天我们也各有工作缠身，只有晚上才能凑在一起。读书的方式是，由虚白主讲，我结合平时读《论语》时积攒的问题和实际工作中遇到的问题谈些浅显的体会，曾伟先生则是结合其学佛的体会和管理实践中的经验，有所阐发。这样的“三人谈”，只有清茶一杯，摆脱一切案牍劳形、丝竹乱耳，颇有些天马行空。经过几个月断断续续的“谈学”，我们把《论语》的前两篇读完了。曾伟先生属下的工作人员把“三人谈”的录音整理出来，不想竟有15万字的规模。有的朋友看后，觉得其中不乏火花和闪光之处，建议尽快出版。

用图书的完整性、系统性和严谨性来衡量，这样的“读物”，要出版成书，我很难说服自己；虚白也认为最好等到我们把《论语》读完，一次性推出更为理想。曾伟教授则从管理学的角度提出：作为对前期读书的总结，特别是今后抓紧推进读书进度的激励，有必要把现有成果先变成看得见、摸得着的“有形有相”的图书，同时，这样也可以让社会来检验我们的学习成效，看我们的工作对弘扬中华优秀传统文化到底有多大的意义。

这，就是《圣人气象（一）——从为学到为政》一书的由来。

至于这个“一”，能不能生出“二”，进而再生出“三”来，那就要看读者朋友对“一”的评价了。

还有一个问题需要交代一下：本书的书名为何是《圣人气象》？

本文开头部分说过：有孔子，中国人该有多幸福！但在现实中，有多少人因为有孔子而有幸福感呢？中国是世界第一人口大国，现在又富起来了，为什么还有那么多的人感觉自己不幸福呢？这让我想起了《论语·子路》篇中孔子与其弟子冉有的一段对话：孔子与冉有到邻国卫国去，看到了卫国人口众多，孔子感叹说“卫国人民真多啊”（在春秋战国时期，一个国家人民多，被认为是很大的优势）；冉有就问：人民多了以后该怎么办呢？孔子回答道：让人民富起来；冉有又问：富起来之后呢？孔子说：要对人民进行教化。

中国人守着一个孔子，却不快乐、不幸福，这是最大的“资源浪费”！富起来的中国人，很多不知道我们生活在“圣人”的国度里！富起来后，中国人该怎么办？这是两千多年前孔子的学生就问过孔子的，孔子的答案清晰简明：“教之”。当下中国，不能说不重视教育，但很多教育机构、教育主体，却不得其门而入。所谓教育、教化，是既要教书，又要育人、化人。但我们的现行教育都是怎么教的呢？就在我们整理对话稿的日子里，传出国内某些一流大学在招生时，大肆追逐各级“高考状元”，甚至不惜与考生“签订”对大学毫无约束力却足以误导考生的“录取意向书”；有的大学之间为抢生源，互相攻讦、揭短，把考生的前途当作儿戏，学生还没有进校门，就被“教育”了，只不过是被“教育”成“牺牲他人利益成全自己利益”的小人。这样的大学只教书不育人，只教知识，不教做人，甚至是误人子弟。因而，一个号称礼仪之邦的文明古国，其百姓走出国门后，往往被视为最不懂礼仪的群体！

作为“万世师表”的孔子，在我们相当多的大学里已经找不到一丝一毫的影子了。怎不让人痛彻心肺！

中国人富起来了，应该“教之”。用什么教呢？一部《论语》就是君子养成的最好教材。读《论语》，可以让“富”起来的中国人再“贵”起来！因为，《论语》集中展示了孔子“温而厉，威而不猛，恭而安”的人格气象。这里，我们借用了朱熹常常说的“风范气象”“圣贤气象”。愿所有中国人都在“圣人气象”的熏陶下，成为“精神贵族”吧！

学恒

2015 年 9 月 10 日

目　录

学而篇

3　儒家修身真功夫

5　孔子悟到无我境界

11　圣德与教化

15　儒学的异化

17　为何忠臣必出孝子之门

19　如何鉴别君子真伪

20　“自、我、予、吾”道破人的层次

24　内省三要事

27　管理与修身

29　修行由内而外

31　“信”字值千金

36　君子的威重与亲和

43　中国人怀祖情深

49　圣贤气象：温良恭俭让

53 和美之礼
58 “近”字有深意
64 儒家修行的“好学”境界
69 子贡的通达之路
76 辨别心与分别心

为政篇

83 北辰之德
88 “思无邪”
89 德、礼为政
97 孔子得道图
103 心有慈悲，身能安在
107 孔子修行的“心路历程”
115 超凡入圣在世间
119 孝道兴，天下安
124 敬为孝之根
130 生命因“孝”而永恒
137 孔子与颜回
139 心净才能察
143 心安在“空”上
147 “故”是生命的种子

155 君子不器
160 “行”为中道
165 人走极端非君子
168 学而不思则罔，思而不学则殆
172 求同得道，求异得器
177 人能无所不知吗？
183 为官者戒
186 理下有情 情上有理
191 好管理从最小单元抓起
194 “无我”之人最温暖
199 人而无信何以行
207 百世可知的自由民精神

学而篇

《学而》篇共16章，其中，记载孔子言论8章，有子言论3章，曾子言论2章，子夏言论1章，孔子与子贡对话1章，子禽与子贡对话1章。

初学《论语》的朋友可能会问，为什么第一篇要用“学而”为名？为什么有子的言论从第2章就出现了、本篇还出现了3次？而孔子最看重、最有德行也最好学的学生颜渊却一次也没有出现在第一篇？

带着这些疑问，我们来逐章解读《学而》篇。

儒家修身真功夫

学恒：大家知道，《论语》是记载孔子及其弟子言论的经典，作者是孔子的弟子，以及弟子的弟子。

《论语》中的每篇都是以开篇第一章的前两个字或完整人名来定名的，但由于多数篇的开头都是“子曰”，一般就顺延后面的两字为篇名。比如，第一篇第一章的首句话是“子曰：‘学而时习之……’”，故而篇名是“学而”。因此，《论语》的篇名有一定的随机性，不一定就是该篇的总体思想的提炼，有些篇章不能围绕篇名做过度解读。

有子，名有若，也是孔子的学生，因为长得很像孔子，当孔子去世后，弟子们一时难以适应没有老师的日子，因而曾把有若权当老师来看待。所以，第一篇第二章就安排了有若的言论，而且全篇出现了三次，谈的都是“孝悌”“礼节”“信义”“恭礼”这样的言论。

曾子，名曾参，也是孔门弟子中的佼佼者，他的言论在本篇也出现了两次，这可能与曾子的学生是子思（也就是孔子的嫡孙）有关。曾子曾这样描述过君子风范：“可以托六尺之孤，可以寄百里之命，临大节而不可夺也。”这可以理解为曾子接受孔子托孤时的心态自述（因为孔子的儿子孔鲤也早逝）。

而颜渊（即颜回）的言论没有出现在第一篇，这可能与颜渊早夭、没有学生有关。

至于在第一篇出现的子贡、子夏，也都是孔子的得意门生。子贡是孔子门生中言语能力最强的两人之一，子夏则是文学最好的两人之一。

子禽，名陈亢，从其名号上看，似乎是一位智商不那么出色的同学。但从《论语》记载的有关他的言论看，可以认为他是孔子学生中最勤学好问者之一，他明知故问或“傻里傻气”的问，尤其是与其他弟子之间的一问一答，从另一个视角展示了孔子的圣贤气象。

《论语》中的各种言论安排，看似波澜不惊，实则妙趣无穷。

中国人读《论语》已经读了两千多年，今天的中国人该怎么读《论语》呢？如果不在修行上下功夫，还是停留在学知识的层面上，学习的效果是会大打折扣的。

曾伟：我们围绕《学而篇》一段一段来解读。我认为孔子的很多话都有三个层次：一个层次是世俗的价值，一个层次是君子的境界，还有一个层次就是修法。实际上儒家的忠、孝、礼、义等就是孔子教我们的一种修行方法。只不过是在生活当中的一种修法。所以，《论语》里讲的忠和孝，不只是一个道德标准，而且是修行方法。

虚白：《学而篇》是《论语》的大纲，后面十九篇所讲的重要内容《学而篇》里都已涵括。“吾日三省吾身”，这就是内省法，对应道家的静观。学界普遍认为，佛教传入中华之前儒家是缺少功夫论的。功夫实际上指的是累积德行，或者是儒家的圣贤修为不断提升的过程。

曾伟：这个对应佛门里面修行的五个次第。第一个是资粮道位，第二个是加行道位，第三个是见道位，第四个是修道位，第五个是无学道位。

虚白：孔子的特点是，个人修行在“资粮”累积的过程中是不断提升的，最后达到圣贤。

严格来说，孔子没有专门提出完整的修行次第，《大学》《中庸》才提出儒家修行的次第与方法，而真正提出明心见性的是孟子。孟子的伟大之处是提出了“性本善”的观点。孟子通过“告子篇”“尽心篇”，完成了儒家功夫论的关键一步，修养自己并展示了“万物皆备于我”的盛大境界。儒学成熟的修养理论应该是由孟子完成的。儒家的修行衍生出两条路走：一条是格物致知、正心诚意、修齐治平，这是沿着《大学》走的；另一条是“慎独”而至“中庸”，是沿着《中庸》走的。孟子的伟大在于确定了人性善基本的原则。一个社会往上走需要人性善。如果一个社会不确定人性善原则，这个民族的道德水平会每况愈下的，社会发展也是没有前途的。

曾伟：可不可以这样理解：孔子是开境界，是从本体论上，意识到了人的问题最根源还是我执、我欲、我念，他的方子的根本就是无我，和佛门的讲法是一样的，去除私心杂念。达到无欲无念的境界，他也是以无我为根本的。这点是孔子的立意，同时他也开了不少方法、门路，这就是他提出的：忠、孝、仁、义、礼、智、信等境界。但到孟子这里梳理成了一个次第，一个系统。

孔子悟到无我境界

学恒：《学而篇》共16章，第一章是大家耳熟能详的。

子曰："学而时习之，不亦说乎？有朋自远方来，不亦乐乎？人不知而不愠，不亦君子乎？"

学而有习，习有所得，很愉悦；与远道而来的朋友同学一起学、习，交流，很高兴，很快乐；交流过程中，发现别人有不了解自己、不理解自己之处，一点也不介意。君子读书、躬行、修为的画面呈现在读者面前。我很享受读《论语》的画面感、代入感。

虚白：《学而篇》是以"学而时习之"的前两个字作为篇名。《论语》开篇就讲两件事，"悦"（"说"通"悦"）和"乐"。"悦"是一种独享的快乐，"乐"是与人分享和交流带来的快乐。读书读到妙处，称为"和悦"；听相声、看电影带来的愉悦感受，称为"快乐"。

悦（篆文为），是（心）与（兑）的结合。兑是“非常快”的意思，上面的“八”代表人心有所分别，一个人心有了分别后，便会遇到称心事时，张开口笑。乐（篆文为），上面是（丝弦）和白（金属之色）的结合，下面是木架子或琴枕，“乐”字就是古琴的意象。乐曲悠扬，众人耳闻而内心快乐，所以，“乐”是众人相互之间的情感交流。

从字面上看，“悦”与“乐”皆是欲心感受。学习再好，也不能作为君子标准，狐朋狗友之间也同样能带来快乐。孔子讲的“悦”与“乐”却是对欲心的超越。学习实践获得提高，从而自己内心获得体认。同道者相互交流，非常合拍，感到很快乐。“悦”是自己内心慎独时候的快乐，“乐”则是同道者修行相互确认得到的外在享受。

孔子反复谈到读书和交友这两件事，是孔子的和悦之法。和悦需克服“学习”的苦恼和“交友”的困顿。靠“悦”和“乐”，是断不了人生之苦的。所以这章中，“人不知而不愠”最有意义。

君子断灭的是“愠”。“愠”是抱怨和不满的意思，就是佛家说的“嗔”。君子之所以是君子，就是因为君子断灭了“愠”苦。“悦”和“乐”都是假于他物的外求之法，断“愠”才是内修或内求之法。“悦”和“乐”是有爱恨选择的，而“不愠”则是对爱恨的断灭。

做到“不愠”是非常之难的，所以开篇就讲。孔子讲到这，就把人分为了几种：

第一种，就是“人不知而不愠”的君子，其代表人物就是孔子、颜回、子路。

第二种就是“人不知则愠”的凡人。我们发现身边有很多人，天天说别人不了解自己，天天都在狡辩，着眼于自身，这样就陷入了纠结。这一类人，开口说话便滔滔不绝，生怕别人不了解自己。其实我们一开口，那些修身有成的高手就能对我们有很清晰的印象了。凡人在断灭“愠”后，就会升起慈悲心，就能获得开解的人生。

第三种，就是“知又愠”。人一旦落入这一境地，就是小人了。这种人有一种特点：越老，越不愿意死；越老，越追求长生；越老，越感到世界充满不确定性。

最后一种就是“知而不愠”。越获得人的追捧，越高兴，越执着于名利、财富。

名利、财富都是稀缺有限的，因此，只有通过“争”才能获得，这是我们完全不能把握的一个世界。无法把握，便会生出无尽的烦恼。所以人生无路可逃，我们除了做君子，没有其他选择。《论语》开篇讲断灭悲苦的方法，是孔子对我们中华民族最大的慈悲。

曾伟：我先谈一下我对《学而篇》第一句话的理解。子曰：“学而时习之，不亦说乎？有朋自远方来，不亦乐乎？人不知而不愠，不亦君子乎？”这里面有三个层次。第一个是“学而时习之，不亦说乎？”一般人把它理解成学和习，学了以后能够不断地、反复地去练习。我理解的是要学以致用，学了以后就去用，这是一件很高兴的事情。用就代表别人需要你。这种喜悦之心并不是说我天天练习我就高兴，而是我学的东西被人所用、别人需要所以我很高兴，不是空学，学了没用是学人最苦恼的事情。这是我理解的学的第一个好处。特别是在商业社会，你讲的东西，马上就是别人需要的，别人能够认可你，这是非常有价值的。所以第一句我认为代表的是认可。

“有朋自远方来，不亦乐乎？”我的理解是学到一种境界以后，别人会慕名而来。说明这个人变得非常有影响力，就不仅仅是学的东西能够满足别人的需求了，而且还造成了相当大的影响力。前面的用还是工具上的，从器的角度上来讲。第二句话代表你的境界也很高了，不是简单的“用”的概念了，层次高了。第二段讲更高层次的价值。

第三段“人不知而不愠，不亦君子乎？”看上去好像和前面两段是脱的。但是按照我的理解是不脱的。它恰好代表另外一种境界。前面两种境界是有所求，有所得的——第一种是成为别人的需求；第二种是成为别人崇敬的对象；第三种则是无所求了，从有到无了，从有到空了。前面还是有欲望，有需求，到了第三层是无欲无念的了。从假入空，见了真如了。在孔子那里，君子的概念一提出来就是无欲无念的、无我的、见性的人。什么是君子？见性之人才是君子。对别人的理解不理解、知道不知道，已经不仅是不感兴趣，而且是无所求、无所得、无所住、无我的境界了。这在佛法里面叫阿罗汉。

所以我觉得孔子提出来的君子，不是一般的概念，是阿罗汉的概念。断了人我执了，没有对“自我”的执着了，所以才能“人不知，而不愠”。从这句话就能感觉到，孔子在那时已经修到了“无我”的境界。这几句话连起来讲是从有到无，从有到空，一个境界的彻底提升，从凡夫位走向了圣位，只不过是圣人位的最低位。君子位是圣人位的最低位。

佛门里面讲的阿罗汉、菩萨、佛，阿罗汉是最低位，但也是去了我执的人。孔子的“人不知而不愠”，一定是断了我执的。有我执在里面怎么可能不愠呢？孔子一定是悟到了空，悟到了无我。

虚白：孔子断了“愠”，愠是常人、凡俗共有的情感。颜回做到“不迁怒”，子路“闻过则喜”，这两个人也都做到了“不愠”。克服了自我情感，因为自我情感是身体的欲望。人有一颗欲心，有一颗道心。人必须把欲心修没了，道心才能显现出来，就成君子了。孔子实际上就是把欲心给修没了。只要你决定开始修身修心，便知道“不愠”是多么难做到，就知道“不愠”是修行修心有成的标志。

另外，我们体会这段话，要知道这段话是什么时候讲的、讲给谁的。

“学而时习之，不亦说乎？”是谁学？谁习？谁悦？“学而时习之，不亦说乎？”是讲给学生的。“有朋自远方来，不亦乐乎？”同道之人携手到我这来了，这不是一件很快乐的事吗？但是这帮朋友来了，我讲了半天他们并没有很好地理解，我也不愠。“人不知而不愠，不亦君子乎？”我这样做不就是君子了吗？实际上是现身说法。

“学而时习之”，“学”和“觉”字的上部分是相同的，下半部分一个是“子”，一个是“见”。“子”就是小孩子，“见”就是学有所成，有了独立的见解。所以“学而时习之”的目的是为了觉。学完了实践，有了感触，有了收获，慢慢就有了觉悟。没有利益是没有动力的，人们获得了利益的同时也获得了动力，当然是高兴的。

佛家、道家、儒家有一个共通点，修行不仅要讲次第，还要分内外。“悦”和“乐”既可以是君子境界也可以是凡夫境界，“不愠”则进入圣贤境界。“悦”与“乐”需要与外部环境想感通，而“不愠”则是内心世界的超越与淡定。

曾伟：君子就是阿罗汉，儒佛完全可以共通了。

虚白：实际上到了宋代，苏东坡、司马光、王安石他们就已经和法师探讨这些问题了。

学恒：修行给人的印象是苦差事，为什么还是悦和乐的呢？这是因为这是自觉自愿的修，不是别人强加的。朱熹说过：圣人千言万语只是教人“存天理，灭人欲”。很吓人的一句话，现在很多人批这句话。其实，这句话的意思不是指外界强加给人们的，是指自己修到一定程度把欲心修掉了，成了君子了，甚至成为更高的圣贤了，就没有欲心了。是自愿的。是不是应该这样理解？这是对君子的要求，不是对一般人的要求。

虚白：《尚书》里面讲“人心惟危，道心惟微”。人的道心很微妙，很微小，很难去发现，人的欲心很危险，很险恶。人一辈子的使命就是要把欲心去掉，最后回归到道心。

刚才所说的阿罗汉很有意思。君子在孔子的眼里，是人的等级当中的一个很高阶的位。

曾伟：超凡入圣的第一个果位。凡的最高位，圣的最低位，凡圣交替的一个位置。

虚白：凡俗和圣贤的分水岭就是“不知而不愠”。我不会让个人的情感左右我的情绪，典型就是颜回的不迁怒。

曾伟： 虚白觉得君子的“君”有用意吧？

虚白： 是君之子。君子还没有做君。君王除了权位以外，还是很高的道德等级。最早的君子含义就是准备做有道德的君王。

曾伟： 可不可以理解成自我王国的主宰？君也不一定是在外的国家的君主，内心也有一个自我的王国。

虚白： “君”字下面是个“口”，上面是个“尹”。尹就是手拿着权柄。君就是拿着权柄，发号施令的人。

曾伟： 其实无我的人即是能主宰自己内心的人。因为有我执（很执着于自我的人）的人是主宰不了内心的。我们佛门讲随处做主，有我执的人是做不到随处做主的。无我的人恰恰是可以随处做主的，因为他随遇而安。

学恒： 其实我觉得王也可以理解成内心自己的国王。我们说内圣外王，内心修到一定程度，成为圣人了，才能主宰自己。

虚白： 王在甲骨文中是大斧子，在篆体中就变成了一竖连通天地人，把天地人贯通起来就是王。所以，实现“先王之道”的前提是统治者做到“贯天地”“通天下”，做“圣王”之前拥有“圣德”。在所谓的“封建”社会，皇子们从幼儿起就要跟从帝师学习做“君子”的道理。“王”字形的演变也是中华文化日益人文化的体现。

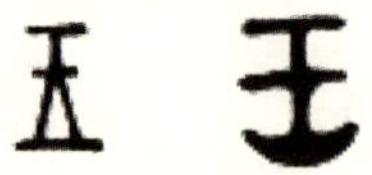

甲骨文　　金文

曾伟： 做君子对自己有什么实际利益呢？

虚白： 别把“人不知而不愠”简单理解成“人家不知你你也不要生气”，以为这就是君子，不是这样简单的。

曾伟：当然不是，一个人修到一定境界以后才做得到这样，否则就会自我憋屈，压抑自己，这不是孔子这句话的用意。

虚白：把“悦”“乐”“不愠”合在一起就有意思了。为什么要做君子呢？因为君子独处的时候内心是和悦的。君子和朋友们交流是快乐的，即使别人不理解，他也是不愠的。实际上讲的是君子的情趣。如果你整天都处在这样的情趣下，单从养生的角度就已经非常不得了了。

君子每天过着内心彻上彻下、没有障碍的日子，这就是最高贵的人生。

圣德与教化

曾伟：我越来越觉得孔子是个见性之人，知道这个世界最本质的力量是什么：有自性存在，有无形无相的存在。有无形无相的世界、自性的世界，或者叫真如的世界。尽虚空遍法界是个真心本体，儒家提出来的时候和释迦牟尼佛在印度提出来的时候相去不远。我原来以为孔子是没有达到这个境界的，因为孔子的很多话太通俗了。

虚白：与圣人之心契合之后你再看圣人，才能看到圣人的慈悲。孔子把他的思想以通俗的方式讲出来，实际上是孔子的慈悲心在关爱我们。如果我们用自己的私心去理解圣人，看到的其实不是圣人气象，而是自己的影子。这是因为孔子正幻化成他的样子教化他，如果看不到圣人的教化，自然只剩下自己了。这也是为什么很多人读圣贤书毫无进步的地方。

曾伟：这是大彻大悟之后的深入浅出呀。

虚白：孔子和佛道最大的不同，就是孔子把这种彻悟体现到人的日常生活中，人在世俗生活中超凡入圣，这个是孔子比其他诸子高妙的地方。

曾伟：历朝历代社会直接吸纳的主流还是孔子的学说，因为它解决了日常修行的问题。我们其他的宗教还是需要特定的场合、着装、仪式。孔子告诉你：你在家孝敬父母就是最好的去我执的方法，对领导恭敬就是去我执最好的方法，这样就可以修心了。

人从本性上来讲是乐意孝顺父母的，但为何生活中不孝之人那么多呢？因为自己太忙、自己要奋斗，以至于自己的个性、脾气等原因让这种孝顺成了空话。所以孝顺父母的最大障碍就是每个人心中的“自我”，以及对自我的执着（我执）。那么，孝顺父母其实自然就成了断除我执最好的方法了。为父母牺牲自我恐怕是最能让人所接受的吧。如果一个人为父母都不愿做出牺牲，那为别人就更不可能了。所以“孝”才是修行的第一步。孔子的智慧之处就在这里。他扣住了每个人最本质的情感来修炼自己。这应该是最容易的路。

学恒：我们在谈《论语》的时候要把对孔子的恭敬之心树起来。很多人把孔子庸俗化之后就把他贬低了。

孔子是我们中华民族的一个文化符号，是我们心灵的指路明灯。

曾伟：我觉得我们平时过多地把孔子的“圣”当成道德榜样，包括君子，我们更多的是作为道德的维度来看。其实看孔子的一些话就知道，孔了讲君子也好，圣人也好，是指智慧达到的境界。他见到了真心本体，见到了这个世界的本质是无形无相、无我无欲的，明白了人的道心是天地之心。他是见到这些以后，才说怎么去人欲、断我执的。他知道人的生命不是个体的，不是短暂的，而是永恒的、无量的、一体的。孔子开君子、圣人的境界，是见性之言，是他见到的人可以达到、应该达到的真实的存在状态，不是他给你立一个人为的道德标准出来。我们现在很多人看《论语》，以为孔子立了很多人为的道德标准。

虚白：其实这恰恰是回到了道德的本意。因为“道”和“德”在老子那里提得非常高了。在孔子这里，“道”是一生的追求，“朝闻道，夕死可矣”。中国古代儒家的学问叫“尊德性而道问学”。《大学》重尊德性，

《中庸》重道问学。中国古人并没有说日常的行为准则为道德。道德是指你能理解天地之妙，理解整个人类世界运行的法则之后，才从中有所得。人为什么不愠呢？因为有所得才不愠。做君子最大的益处就是有所得：求道最后得真。

曾伟：是无得而得，佛门的说法是得无所得。得是相上的，无得才是体上的。因为和世界一体了，没有分别了，不存在你我了，就不存在得还是不得了。浑然一体地活着，不生不灭，长生不老。

虚白：中国人活一辈子，就是有所得。“德者，得也”，德是一辈子有所得。那金银财宝是得吗？那是暂时的，所以中国人讲“德者，得也”，是永恒的得，也就是“道德”，倒过来读就是“得道”。“得道”后，生命就有了永恒的意义；“得道”后，生命就“到此一游”了。

德左边双人旁，代表“行”，中国人造“行”，行是一个十字路口，行是什么？“行”是每走一步，都是一生艰难的抉择，都会有不同方向的抉择。“行”前必须“知”，“知”才不迷路。所以中国人一定要“知行合一”。因为每一“行”，都有一种抉择的可能。所以德的右边就是这样的，上面是直，下面是心——直心。内心直正而行，这就有“德”了。

“仁者，人也。”“仁”字在古文字中有一个变体“忎”，上“二”下“心”。上面是个二，下面是个心。古人造字的时候，“二”有两层含义。当它写成等长的时候，代表阳阳或天地。下面长、上面短的时候代表上。二心就是天地之心，所以“仁”就是你体会到了天地之心。去除私欲、直正修心效法天地之德就是仁德（人得）。中正且直心是修成“不愠”的前提，是成为圣贤的前提。

曾伟：它的意思应该是人是和周围的一切融为一体的。人和天地融为一体，人的小我、自我的心和宇宙天地的心融为一体了，就是德。

虚白：所以德就是道，道就是德。《道德经》的道，无名的时候是道，有形就要有名，有名就是德。所以德是道的有形的表达，道是德的无形的内涵。

曾伟：一个是体，一个是相。你和天地通了，你就得到了天地，和天地就浑然一体。尽虚空遍法界是一个自己。

但孔子的伟大还不仅仅在于他的明心见性、悟到了世界的本源，更在于他能返璞归真，用通俗的语言为世人找到一条在生活中修行、体道、悟道、走向圣贤之路。

虚白：看一个人是否真的超越了，有一个标准，就是他对那些没有超越的人是否有慈悲心，即是否做到了“己欲立而立人，己欲达而达人”，这也是佛的境界。

曾伟：这个至少是菩萨的境界了。自己断了我执是阿罗汉的境界，然后去悲悯众生、帮助别人、普度众生的时候就是菩萨的境界了。

虚白：这是非常不得了的境界。

学恒：等于说孔子是得道了，成圣贤了，但是他没有只是追求自己的解脱，而是又回到了世俗来帮助大家、教化大家。这个是有的圣人没有做到的。

虚白：老子表面上没有像孔子一样度化世人，但老子的慈悲心仍然是具足的。“道可道非常道，名可名非常名”，当这句话说出来的时候，他的慈悲心已是满满的。

对修行者来说，老子的慈悲心和孔子的慈悲心相比，老子的慈悲心需要你不断地超越才能够体会，而孔子的慈悲心一下子就体会到了。我觉得老子的伟大是立了一个根，根是大家看不到的。你要把根挖出来一看，根就死掉了。根是不能掘的，是看不到的，要靠我们不断去体会。

儒学的异化

曾伟： 后来世人为什么对“存天理灭人欲”越来越反感？我认为是儒家后来更多的把修行的方法提了出来以后，后人执着于这些方法。舍本逐末了，把这些方法当成了他的目标，忘记了孔子的本意。儒家的本意是要通过这些方法修掉自我的，最后我们执着于这些方法。把这些方法当成最高价值对待，反过来造成了对道心的约束。

因为我们着相了，执着于具体的修法了。佛门里面也很反对这样做，这叫法执（对法的执着）。有的修行人我执去除了，就搞法执，用法执替代了我执（对自我的执着），最后法执又回到了我执，反而绕了一圈又绕到了我执。这就形成了对人的道心的禁锢。根本上来讲这违背了孔子的本意。儒学后来的发展在很大程度上违背了创始人的本意。

学恒： 传统的说法就是统治阶级为了稳定社会、强化统治的需要。

曾伟： 对，是政治对儒学的异化导致了伤害。

学恒： 因为无论是孔子也好，孟子也好，他们和统治阶级之间是有距离的。孔子的理想和抱负，统治阶级是无法理解的。到了孟子这里也是如此。统治阶级接受不了他们境界上的追求，所谓“吾道至大，不为有国者所容”。我觉得即使孔孟活到宋朝或者明清时代，他们对有些做法也是反对的。或者说，理学与儒学还是有区别的。孔、孟可以做统治者的批评者，后世儒家这种批判精神大为减弱了。

曾伟： 肯定是反对的。因为有些已经成为政治的管理工具了，这个时候肯定是违背了孔子开悟时的本意。

虚白： 还有就是到了东汉，因为重视孝道，搞得假孝道盛行，老百姓很反感。举孝廉，孝都可以做官。《汉书》记载，有一个人做官很大，很孝顺，后来他母亲去世了，他睡在坟墓里三年。复出后他的官做得更大了，但是后来人们发现这三年他生孩子了。

曾伟：这样一来，道德就变成我后面讲的道德了。与天地相通的，真心本体的道德就变成了行为标准、道德规范了。

虚白：伪善就出现了。

学恒：当本来的东西变成行为规范、变成约束的时候，大家就为了追求这种东西变得弄虚作假。

虚白：汉接下来就是晋，晋就更是伪君子时代了。

曾伟：其实，这种情景老子早就预言过。老子在《道德经》中也有大量的篇幅批评孔子的做法，比如“失道而后德，失德而后仁，失仁而后义，失义而后礼”等。这些话的用意是显而易见的。但孔子是明知不可为而为之。他明知道这样做的后果，但还是去接引众生。我觉得他真的是置个人的名声、利益于不顾，这是一种大雄力。

虚白：《论语·微子》记载，道家人士讽刺孔子，劝子路做“避世之士”，与其跟着孔子周游列国还不如跟他们一起种地。

孔子则说儒家的修行要在社会当中，在人与人的交往中进行。儒家人生价值实现的途径和实现的场所与道家是不太一样的。实现人与人之间的感通是实现社会和谐的教化基础。

所以我说和老庄比起来，孔子高一截的就是在于孔子有基督精神。

曾伟：甚至他把《论语》讲得那么通俗都是要有基督精神的。他也可以讲得像老子那样高深。但他始终满怀慈悲心地在说话，比如“其为人也孝弟，而好犯上者，鲜矣”。他不断地探讨生活当中君子的表相。尽量让我们知道要达到无我、无为的境界可以通过什么样的生活方式来修。但不了解的就会以为没什么水平，没什么深度。

学恒：孔子在那个时代就不断被别人误解、奚落。孔子是至圣，也身怀“大器”，却提倡“君子不器”。这是被误解的原因之一。

为何忠臣必出孝子之门

虚白：再看《学而篇》第二章。

> 有子曰：“其为人也孝弟，而好犯上者，鲜矣；不好犯上，而好作乱者，未之有也。君子务本，本立而道生。孝弟也者，其为仁之本与！”

孔子所处的时代和今天不太一样，作乱特别多。首先是三桓作乱，主君失去权力；然后三桓的家臣又作乱；最可笑的是家臣的家臣还作乱。“其为人也孝弟”是直指统治者的痛处。也是为什么要讲孝悌，讲孝悌可以让大家不犯上作乱。

曾伟：实际上是在统治者这边开了一道门：提倡君子是对统治者也是有好处的。

虚白：而且立了一个中国文化的大规矩，就是“家”和“国”同构。我们今天说国家，把国放在前面，把家放在后面。其实在孔子眼里，家在前，国在后。家国天下。把家治理好了，国就好了。先小后大，从自己的“心”和“意”开始修。个人不正心诚意，家不会齐，国难以治。

曾伟：虚白看这两段话连在一起，可不可以这样解——“人不知而不愠，不亦君子乎？”我们刚才解了是无我的人，后面的“其为人也孝弟”，意思就是无我的人必定是个孝顺的人。而这样的人又不会犯上作乱。无我的人多好啊。大家都没有私心，这个国家多安定啊。这里有一个“无我”

在里头。我觉得我们讲《论语》，要把“无我”贯穿始终。

虚白：对的。我们再看下面：“君子务本，本立而道生。”这句话非常了得。君子就是追求本。本就是仁道，与天地合体的本。务是任务、使命的意思。君子的使命是要让更多的人和天地相通。本立而道生。你追求这个东西，道自然就一点点显现出来了。仁是道之本，孝是仁之本。弟子入则孝出则悌。孝是基础的基础，所以要把它学得非常到位。悌是兄弟之间的友爱。

曾伟：“孝”的上边是“老”，下边是“子”，“悌”的左边是“心”，右边是弟。所以，“孝”是老子同体，“悌”是兄弟同心。就是浑然一体，就是无我了。

虚白：这样解更高明了。

学恒：第二章最后还有一句：“孝弟也者，其为仁之本与!”这里，“弟”通“悌”。仁，是孔子范畴中的最重要的概念，孔子把孝提升到“仁之本”的高度是因为，“孝”是中国人的最大公约数，是修行最好的入门功课，大家都愿意去做，但真正能做好的却又不多。把最简单的事、最容易的事做到最好，能见修行功夫。

我们常说的“入则孝，出则悌”，怎么解释？

虚白：入就是回家要孝顺，出了门兄弟要相互照应。

曾伟：应了中国一句老话了，“打虎亲兄弟，上阵父子兵”。父子一体，兄弟同心。推而广之就是人与周围的一切都浑然一体，那就是无我无人的境界。金刚经讲的无我相、无人相、无众生相了。

如何鉴别君子真伪

虚白：接着是第三章。

子曰："巧言令色，鲜矣仁。"

本篇的最后一章是"不患人之不己知，患不知人也"。这两句话要连在一起理解。"学而篇"里多次提到了识人、知人。孔子教大家在生活当中如何去辨析"人"。辨什么呢？这是有纲目的。一个是言，一个是色。我们今天说察言观色就是这么来的。伪君子是有特征的，言一定是"巧"，色一定是"令"。令就是伪善之色，它和发自内心的色完全不一样。

人都喜欢听好听的，都喜欢看对你和颜悦色的面孔。孔子说你真碰到这样的，说明是你有问题，而不是那个人有问题，是你辨不出来。

孔子开了一门学问，开了一重境界。这门学问就是怎么去识别人，这种境界就是君子是可以观的、可以察的，君子是有气象的。因此修行是从内心到外表的。

曾伟：《学而篇》第一段讲君子是无我的。第二段讲无我的人孝悌，所以不会犯上作乱。他表现为父子同体、兄弟同心。第三段告诉我们，这是可观可察的。从对父母的态度、对兄弟的态度可观可察，如果做到了孝和悌，那就是君子。但是像巧言令色的人是做不到君子的，因为他做不到孝悌。这样看起来，前后文的意思就有了较强的连贯性。

虚白：前两段讲的是道德审美，第三段讲的是自然审美。前二段讲的君子务本是道德审美，后面一段讲的是君子和小人是可以通过自然审美来辨别的。

学恒：这与前面第一章讲的“人不知而不愠”也可以联系起来读。对于君子而言，人们了不了解我没多大关系。但是小人并不是这样。小人是急于要表达自己，急于让别人了解自己，急于让别人知道自己是一个“君子”的。所以要巧言令色。孔子告诉我们遇到这种人就要小心了。

曾伟：对，因为君子不会这样，人不知而不愠，不患人之不己知，患不知人也。根本不担心别人知不知道自己。

学恒：凡是遇到这种急于要表达自己、急于让别人知道自己是君子的人，说明你遇到的至少是一个伪君子。

曾伟：前面给出了君子，这里马上给出了一个伪君子的概念。亦真亦假，这就连起来了。

虚白：孔子在前面开道德审美的境界，后面开自然审美的境界。

学恒：小人和君子在独处的时候是不一样的。君子慎独，小人则闲居而无所不至。但是，小人独处干了坏事后，再和大家在一起的时候，他会急于表现自己是一个好人。巧言令色是为了掩盖一些东西。“巧”是花言巧语，美化自己。“令”有的地方解释是“擅”，擅于表现自己。“色”就是表情，脸色。

“自、我、予、吾”道破人的层次

学恒：第四章的内容也是大家所熟知的，是孔子的学生曾子所言。

> 曾子曰：“吾日三省吾身：为人谋而不忠乎？与朋友交而不信乎？传不习乎？”

曾伟：“吾日三省吾身”，曾子又开始讲修法了，真是层层递进。

虚白：这里讲的是反省法或内省法。怎样才能从凡俗到君子，再到贤人，再到圣人。是因为有日常的功夫的。每日都要不断地反省自己，内察自己，不可一日懈怠，不可有片刻的自暴自弃。

曾伟：和佛门讲的内观还是比较接近的。

虚白：而且是吾日三省吾身。此处“三”谓“多”，三省是经常的、反复的、多次的反省。

曾伟：“省”怎么解？

虚白：“省”的古字有两种解释：一是少目，二是摘去眼眉上的草。无论何种解释，“省”都是闭着眼睛的。一睁开眼睛就是三维世界。人的所有欲望都是源于对三维世界的渴望，就是攀援。看见一块美丽的石头就想归自己；看见一个美丽的女人就生爱慕；看到金子就有贪念。

“省”就是闭上眼睛反省，断除外缘、外境，来进行内心的反省活动。《论语》在这里用到的这个“吾”是很有讲究的，古人表达自己看法的时候，有四种称呼：自（认为）、我（认为）、予（认为）、吾（认为）。当然，还有“寡人”“孤”等特殊称谓。

一般来说，用到“吾”的时候意思多是比较好的。称“自”的时候只是表示呼吸，它代表一个自然的生命，也就是说，我认识到一个自然生命的时候用“自”。表达争竞或看到自己的财产需要用武器去保护的时候用“我”，“我”是一个人持戈的象形，“我”是不好的词。“自”是鼻子的象形，庄子说气聚而生、气散而亡，也把自然生命同鼻子的功能连在了一起。人能意识到自己的自然生命为“自”，当有自己的财产的时候就用“我”。当你知道把物送给他人叫“予”，一个人通天地之道了，或自认为有所觉悟就用“吾”。

吾，是“天地交伍”的意思，天地交伍我们才能看到天地之心。所以人生是有四个层面的：自——只知道自己自然生命的人，与禽兽无异；我——拿戈的人，是个欲念的我；予——知道给别人，是个施舍的我，予是推东西给别人，施舍是悟道前的第一步，不布施是永远悟不了道的；吾——“吾”字上面这个“五”代表天地交伍，上一横代表天，下一横代表地，中间的“X”象征天地交错而成“文”，合在一起就是天地交伍之意，下面的口代表言语（日本学者白川静认为是祭祀用器）。天地交伍的这个我就主教化了。

当年看《庄子》时，我体会到修行需要超拔和跨越“自我”障碍的四个层次。庄子说“吾丧我”，“吾”把“我”放失掉了，放失了有欲心的我就得道了，得道心了。

曾伟：从一个动物的我、一个自私的我，走到一个利他的我，就开始悟道了。

虚白：无论悟不悟道，那个“自”“我”还是有的。不能说悟道了，财富就没有了。仍然还是有财富的，财富当然要保护。但更要懂得施予、利他，更要懂得天地交伍的大我，因为这是人的终极境界，是人的生命得以永恒的境界。

曾伟：这都是佛门的基本教义。儒释道完全相通。

虚白：因为有庄子，中国人才把佛教接引过来了。我修完庄子以后对佛学就有了更深的理解。老子铺了一条路，庄子架了一座桥。不是紫气东来，而是大气象在我中华，佛教就来了。我们中华修气象是从孔子开出来的大境界。

曾伟：修“无我”这个境界就是从那个时候开始开的。

虚白：朱熹编《近思录》，第一章讲道体，最后一章讲气象。中间各章依次讲修行的次第，就是按《学而篇》来的。

曾伟：自、我、予、吾。把这四个字解完了就开悟了。从自然人到社会人，再到天地人。“我”和“予”是社会人的两面：一个自私的一个利他的；一个阴面一个阳面。从自然人到天地人一定要自利，然后利他，然后再天人合一。

虚白：也可以说成是人生的“沉、降、升、浮”。“自”沉、“我”降、“予”升、“吾”浮。浮就是“飞龙在天”。所以修行者的人生就是不断地“舍我”、“还自”、“持予”、“达吾”的过程。

曾伟：浮就是佛门讲的气化，道家讲的羽化。

虚白：我们必须回到汉字的本身，不然国学就变成躯壳了。“吾”把“心”加上就是“悟”，天地交伍的心路历程就是悟。“舍我”（去除私欲）就是“达吾”（通达天地）的路径，舍“我”和持“予”（坚持不懈的布施）合在一起就是“舒”字，“舒”就是自由自在的人生，再次回到了“自”：自然生命提升到价值生命，从只是意识到呼吸的“自”到通达自在的“自”。

曾伟：与天地交伍的心理历程就是从个体到达宇宙本体的历程，是要靠悟的，想是没用的。悟是“心”加上“吾”，不是“心”加上“自”，或者是“我”，而是加上天地交伍的“吾”，说明悟道的本质就是与天地同心。放下自我与天地同心就是开悟。

虚白：中国是象思维，我们是持大象的国家，象思维的益处是站在一个字面前就能顿悟，这就是中华文化的独有力量。

曾伟：现在知识层面的东西太多了，从知识层面上解会越来越复杂。这样解才是深究本意。我能感觉到孔子当时的情景，历历在目。

虚白：其实读《论语》就是孔子站在你面前，与孔子神交。今天我们讲“因材施教”，实际上是圣人无形无象的道心使然，针对不同的人采取不同的方法施行教化，博大到每一个愿意学习仁德的人。

曾伟：这样的孔子真的是功夫了得！

内省三要事

虚白：“为人谋而不忠乎？与朋友交而不信乎？传不习乎？”这三句话是“吾日三省吾身”具体的内容，非常重要。人要想三件事：由自己到他人，由他人到自己，我们之间相互往来。如此，通过内省三则就实现了“群己”通达。

“为人谋而不忠乎？”是由我到他人。孔子的思想就是一定要在社会具体的情境中去实现他的道德。这里体现的是一个“忠”字。

学恒：工作、事业上要讲“忠”；社交圈、朋友圈要讲“信”；对老师的传道授业要“习”。

曾伟：为人谋要忠就是对上司、对委托人的态度。

虚白：为别人谋事有两种态度，一种是忠，一种是奸。君子取的是忠。朱熹将“忠”解释是“尽己为忠”——尽心尽力地为他人做事叫忠。

曾伟：忠字上面是个中，下面是个心，意思就是心不要斜，不动邪念吧。

虚白：“忠”字表达的是以自己的心关照自己的心。

曾伟：用良心观妄心。

虚白：谋事是有欲心在里面的。想做好或者偷懒，甚至夹带私货，都有欲心在里面。孔子说“吾道一以贯之”，曾子解释为“忠恕而已矣”。忠就是自己的心关照自己，恕是以对方的心关照自己的心。

曾伟：恕就是如心，自己的心如他人之心。

学恒：就是己所不欲勿施于人。

曾伟：恕就是如他人之心。

虚白：“己所不欲勿施于人。”孔子说出这句话和我们今天理解的不太一样。孔子是开悟通达之后才说出这句话。我们今天说这句话，仅仅是换位思考。孔子说的是境界的大提升，是超越自我与他人对立的境界，让自心如他心。

曾伟：忠就是自己的心关照自己，恕是以他人的心关照自己的心。无非就是让自己的心受到自己良知的监督和他人的监督。这样的人当然就超越了自我与他人的对立。

虚白：再看“与朋友交而不信乎？”两个君子或者两个佛教徒之间有共同的东西，就是朋友交了。信也就是恕，就是心心相印。

“夫子之道，忠恕而已矣。”忠是以自己的心内省自己的心，恕是以别人的心反省自己的心。一个是内部的，一个是外部的。“与人谋”是自己向外的，所以说“忠”；“与朋友交”是交互的，所以要用“信”。信是同道交友最基本的道德要求。

曾伟：替人办事的时候怎么去管住我，与朋友交的时候怎么去管住我，这里讲的都是怎么管住我。始终围绕着做君子来。做君子就是要无我。信就代表着约束。信就是承诺，意味在一定的情况下的付出，而往往这个时候妄心就出来了，妄心会想尽办法把当初的诺言改变掉，或者改头换面让自己少受损失。

虚白：“与朋友交”更多的是同道志向的交流，还没有太多的物质利益在里面。古代的信又通“伸”，理解成与朋友交而不“伸”乎也可以。意思是与朋友交要注重有没有相互长进，相互提升。

曾伟：可不可以理解成放下自我。因为人与人相交的时候每个人都会执着自己的东西，这是人际交往的最大障碍。特别是文人相轻：“我的观点”“我的见解”“我的立场”“我的感受”……这样的交往就都属于不伸了。那要往“伸”处走怎么办？自我的见解、感受都得放下。

虚白：有一个故事可以加深我们对信的理解。孔子的学生子贡很富有，而孔子另一个学生原宪在孔子死后则守着穷的日子。子贡后来看到原宪的窘迫生活就瞧不起他。结果在与原宪的交流中，原宪让他重温了“贫而乐”的境界，子贡马上就惭愧了。其实这就是信了，信在其中了。信既是朋友交往的道德约束，也是自我境界提升的一个工具。

曾伟：一方面是工具，一方面也告诉我们和朋友交要放下自我。太执着于自我和谁能深交？信就不仅仅是信用了，而不信则成了障碍。

虚白：不忠、不信、不习都是修身障碍。接下来“传不习乎？”就是讲从别人到自己。意思就是学生面对老师的教导，要去执行、实践。不开悟的人对于开悟的人、后觉的人对于先觉的人的教导就是传不习乎，马上去做，做完了对不对问问老师就行了。

学恒：习就是行。

虚白：“为人谋而不忠乎？与朋友交而不信乎？”按前面的句式接下来应该是“传习而不敬乎”。但是没有用敬，为什么没有用敬呢？因为只有学习的份。习是不假怀疑地去做，只是反思习没习，根本不用进行别的思考。

曾伟：“传不习乎？”很多人得到别人的传授、指令，往往第一反应就是思考，想一想该不该做、为什么做、做了能得到什么、做了有什么危险，等等。这样我执、我见就会起来，然后我慢（傲慢）就会起来。靠什么去消除它？马上去做。用行动消除我执、我慢、我见。

虚白：还有一个典故。孔子讲一个道理，子路马上去做。他敬老师敬到什么程度？他生怕老师再讲一个道理，他就来不及去做了。子路的名字就是来寻路的意思，最后达到了“由”。所以子路也叫“仲由”。

孔子弟子的名字与功德往往有种莫名的关联：颜回或颜渊，其仁德如“渊”一般深，且不断能向仁德复回；子贡或端木赐，贡与赐都与财富有关，子贡富甲天下；宰我或宰予，此人封闭自我，朽木难雕；冉有或冉求，其人有求世俗；子夏或卜商，夏与商都是朝代，夏玉商铜是文明的象征，子夏的文学名扬天下，另外，卜是孔子独授子夏的“艺”；公西赤或公西华，身穿华彩赤服，这是使节或外交家的形象；闵子骞或闵损，骞（通谦）己而损德私，闵损芦衣名列中华二十四孝故事之一。

管理与修身

曾伟：第五章。

子曰：“道千乘之国，敬事而信，节用而爱人，使民以时。”

虚白：这是最接近管理学的了。千乘之国是中等国家。用道来治理这样的国家，让大家做事都能用“敬”字来做，还有什么事做不好的呢？

敬信是修身的方法，也是干成事业的方法。敬事而信是一种态度。节用而爱人，既有物也有人。节用是投入，爱人是人力资源的培训、教化。使民以时，就是时间管理了。“使民”就是让民众参加一些公共工程。这样的事不能让人在农忙的时候做，要看节气，要看时间。“使民以时”接近今天的时空管理。“敬事而信”是财务和人力资源管理，也是企业文化。

曾伟：一个国家的君主，他很容易挥霍无度，节用就是告诉他要节制，也是对自我的私欲的控制。爱人，就是告诉他不能由着自己的性子来，也是要节制。使民以时，这是叫一个国家的国王不要任性，安排公共工程要看着节气来，让大家先忙完农活。就像我们的企业管理，老板必须明白不能随意而为。这段话的意思还是在“无我”，目的就是让有权者自我节制。节就是控制的意思。

虚白：节的卦象是水流进湖里。湖里的水流进河里的卦象是困，困就是水流干了。截（jiē）也用这个音，把水截下来，还要保持一定的高度，这要靠约束。节卦的反面是涣卦。涣是风吹在水面上。节卦和涣卦互为错综。涣散是企业真正的灾难。把涣难给解决掉了实际上是用“节”法。

曾伟：泛滥、涣散都是糟糕的。泛滥是我们的心情在无节制地泛滥，涣散就是大家的凝聚力散开了。而“节”或者“截”都是约束的意思，但它反而会带来盈余。“节”表示湖里有水，“截”表示河道水位增高。若干年前，中国人的智慧就悟到了约束和盈余的关系，也通晓了任性（涣、泛）和亏损的关联。真了不起！

虚白：涣象是风吹在水面上，这多像牢骚在基层传播。哪个企业如此，哪个企业就快完蛋了。节和涣正好相互印证。

曾伟：这里也是一层一层递进的。前面讲君子的孝、悌，再到忠、信、行。先讲个人应该怎么样，最后讲治理国家应该怎么样。反复在讲人的各个方面应该怎么去修。完全讲的是修行的方式。从这里看到孔子教导我们修行的脉络。

虚白：《学而篇》讲的不是知识，讲的就是修行。《学而篇》中的“学”字就是“觉”字。见了之后就是觉，没见之前就是学。

曾伟：没悟之前是学，悟到之后是觉。

虚白：对。中国人造字很形象，推十合一为“士”，加个人，出去做官了，就是“仕”。

修行由内而外

虚白：第六章。

> 子曰："弟子入则孝，出则弟，谨而信，泛爱众而亲仁。行有余力，则以学文。"

《论语·学而》连着讲信，所以信很重要。把信作为修行的基本态度，或者一种工具。信是多重用途。"谨而信"是一种品格的强调。"入则孝，出则悌"是家里的事，家里话说过了就过了，争吵也可以，但是马上要走入社会了，所以谨信就来了。到了社会上，只有克服自己的偏性，才能和其他人有效通达。这是与陌生人相处的一个基本态度，所以先告诉你"谨而信"。

曾伟：前面把信理解成深非常好。你要和人交往，要深入交往就得放下自我。

虚白：或者说"谨而信"是自己进步的桥梁。

曾伟：是和别人深交的基础，要不然别人不可能信你。你把自己看得很重，把自己的观点、见解看得很重，你再有本事也没用，因为没人愿意和你交往。

虚白："谨"和"信"有个共同点，都是指的语言，都是言字旁。出了门要慎言慎语。后面也讲到君子敏于事慎于言。谨信实际上就是一种做事、做人、说话的态度。另外，"使民以时"是节，"敬事而信"是节，"谨而信"也是节。

曾伟：泛爱众就是利他了。

虚白： 因为慈悲之后才会爱众，亲仁才可以爱众。追求仁道，发现别人也是圣贤的种子，才会去爱他们，“泛爱众而亲仁”实际上是一个事物的两面。

“行有余力，则以学文”，文是放在最后的。所以人修行，孝悌是第一位的，第二位修谨信，第三位修爱仁，最后修文。文和前面不太一样。文是华彩，前面是实实在在的修行。仁爱孝悌是本，谨信爱众是用，与文相应，人文精神进一步宏阔通达。所以我们看到讲修行的佛经，都是用华彩的文字表达出来的，但修行的起点是实修、实践，而不是文采。

曾伟： 文就是纹路，是外表的修饰。

虚白： 最后学点文，让自己华彩起来。因为我们不是野兽，我们是人，人有外在的标准、装饰，君子可观，就包括其文可观。

曾伟： 孔子是把言语、文章放在后面，把身体力行放在前面的。

学恒： 实际上就是形式和内容的关系。文是外表，修行是内在。有句话叫“文质彬彬，然后君子”。如果把“行有余力，则以学文”这句话与《论语》后面“先进篇”讲到的“先进于礼乐，野人也；后进于礼乐，君子也”，以及“仕而优则学”联系起来读，很值得玩味。

虚白： 清华大学校园里有个日晷，刻有“行胜于言”。这是儒家思想。儒家认为，君子是语默之人，不是语躁之人。

曾伟： 有修行的人不会有那么多话的。佛门讲水平不流，心平不语。心里是平静的，哪有那么多话。

虚白： 君子语默，但是圣贤教化。圣贤是不可以语默的。圣贤和君子是有差别的。

曾伟： 君子是阿罗汉，还有法执。法执（对法的执着）的人如果去教别人，很容易执着于自己的见解。

虚白： 实际上做到孝悌，依然是一个凡俗。“亲仁”只是你想做君子。

没有文哪能称为君子呢？文质彬彬，然后君子。如果说君子是一个界面，那学文只是你接近界面的边沿。之前都只是一个好的凡俗，说得通俗一点只是一个好人。

曾伟：“行有余力，则以学文”，这是强调修行在前，行之有余再学文。而现在刚好相反，很多人修行不行，但是嘴皮子很溜。

学恒：那这个“文”就是巧言令色了。

曾伟：孔子一再提醒行的重要性。

虚白：但如果没有文，则难通经典，难获通达。不要以为入则孝出则悌就是君子了，其实这只是个最基础的层次。知道文了，才可以学典籍，才可以真正入门。当然，入门和“升堂入室”还是有距离的。

“信”字值千金

虚白：接下来第七章。

> 子夏曰：“贤贤易色；事父母，能竭其力；事君，能致其身；与朋友交，言而有信。虽曰未学，吾必谓之学矣。”

“贤贤易色”说的是夫妻的事，夫妻关系。夫妻之间要尊敬什么呢？尊贤。老婆看丈夫，尊贤；丈夫看老婆，易色。第一个贤是尊的意思，第二个贤是圣贤的贤。“易色”是改变看重美色的欲望。

学恒：这句话的理解上分歧比较大。色要么是指女色，要么指脸色、表情。刚才虚白讲的是朱熹的讲法，他的依据是这一段是按夫妻、父子、君臣、朋友这样的顺序排下来的，很多人也是这样来理解的。我的不成熟的理解是贤贤，尊重贤能；易就是改变；色是表情、脸色、态度。我们一般人谈到贤人的时候会充满一种崇敬、尊敬的心理。就像我们平时一说到恩师来了，大家马上就肃然起敬。见到贤者要有恭敬的表情，这也是贤贤易色的一种解法。

还有一种解法也做夫妻关系讲。夫妻之间要看对方的贤能，而不要注重美色。贤贤，第一个贤是动词，第二个贤是名词，贤贤就是尊重贤能。

曾伟：贤贤，要看重对方的贤能，而不是看重对方的外表。这就不仅仅是夫妻关系了。

虚白：“事父母，能竭其力；事君，能致其身。”“竭”和“致”在汉字当中非常有意思。“竭”是达到一种极致，“致”也是达到一种极致。“竭其力”、“致其身”实际上都是全心全意。事父母，要把所有的力使出来。身是投进去，力是使出来，二者是有区别的。

事父母为什么不能致其身呢？父母若重病住院，“致其身”就会整日担忧焦虑，不久自己就会倒下。照顾父母“竭其力”，同时内敛自己的情感，这样才能持续尽力。

曾伟：对，如果你致其身，反而是执着。因为达不到孝敬父母的目的了。

虚白：所以事父母要竭其力。

学恒：竭其力是孝，致其身是忠。

虚白：事君尽管要致其身，身体力行，虽然身内有心，但客观上你的心思并不一定完全在这件事上。事君，君的目标就是你行动的方向，但能不能全心全意做那是另一回事了。

曾伟：很微妙地把对父母与对君主的方式说出了区别，一个好像更内在，一个更外在。

虚白：本该很用心的地方却只谈“竭其力”，因为事父母不能“致其身”，父母不希望你劳累，不希望你倒下，但是你要“竭其力”。而事君则需要你的身体行为与君的目标高度一致，所以必须“致其身”。这说明事君和事父母的确差别蛮大。

再看原文：“与朋友交，言而有信。”《学而篇》连着用信，非常少见地连着用信。仁义礼智信，我们对应来看，仁主木，义主金，礼主火，智主水，信主土。土把这四者都涵盖里头，前四者出于土又归于土。仁义礼智是孟子说的，孟子不说信。为什么呢？因为信在其中，仁义礼智都有信，就不必说信。元亨利贞就是仁义礼智，不讲信却字字有信，也是同样的道理。

曾伟：元亨利贞对应仁义礼智。元对应的就是仁，就是内心要受仁爱的主宰和支配，才能够圆通。

学恒：“仁义礼智信”，在孟子这里少了个信。孟子说“四心”对应“四端”：恻隐之心，仁之端也；羞恶之心，义之端也；辞让之心，礼之端也；是非之心，智之端也。但最后就是缺了个信。为什么是这样呢？可能与前面四个不在一个境界。

虚白：干支哲学也是这样的。春季主木，但后十八天主土。夏天主火，但后十八天又主土。四季的季字本意是土。信是土之本性。

曾伟：信是土，生于它，归于它。

学恒：常常听到这样的一句话：中国人没有契约精神。我听到的第一反应是这句话有问题。中国人最讲“信”，怎么会没有契约精神呢？仔细一想，可能是因为我们重“信”而轻“约”。

曾伟：信义其实比契约还高。契约是外在的形式，信义是内在的品质。

虚白：刚才讲四季，信在其中，它是土性。你看土，到了春季就发芽，到了秋季就结果实，从来不错。这就是天地之德。信真实不虚，正是来自天地之道。

曾伟：佛门讲信解行证。第一个就是信，信了以后才能去解。不信理解都理解不了。然后才去行，才能修，才能够去证悟。某种程度上说，所有的信都是无条件的。佛门又讲信愿行，信也是在最前面的。佛法大海，唯信能入，唯智能渡。没有信，入都入不了。信了以后入了，才能够渡得过去。渡靠智，前提是要有信。我觉得信和心是相通的，佛门讲唯识所变，唯心所现。这就像虚白说的信是土一样，万物归于土，也生于土。万物也归于心，生于心。

虚白：我们再回到《道德经》："窈兮冥兮，其中有精；其精甚真，其中有信。""信"在"真"前头。有了信，才可以有真。大求真时代的前提是这个民族要有信。信完了才可以求真。为什么要说信仰呢？为什么用"仰"字？因为信是无条件的，有信的民族才可以有尊严地昂首前行。

曾伟：信字这么一解，就不仅仅是个信用的问题，更是一个精神的根本，精神体的本质。

虚白：老子还有一段是讲怎么得信："信者，吾信之，不信者，吾亦信之，德信。"（《道德经》）意思就是你说的可信，我信你；你说的不可信，我也信你。因为信是人的本质，甚至没有灵性的东西都有信。没有灵性东西的信不是这件东西的信，而是造物者的信附加给它。造物者附加给我们人的灵秀中最可贵的就是信。你说的不可信，我仍信你，因为，你的灵秀是真实不虚的，我所信的，是你的灵秀，灵秀是因为你"性本善"，因此，我所信的是你的本性。

曾伟：这"信"也通"性"，凡是和性相关的都是根本的东西。男性、女性、本性、性质、性格、个性等和性相关的全是根本。所以信和性是相通的，只不过信是说出来的，性是生出来的，是本来的、本有的，是体内的生命力。说出来就变成了信，不说出来存在着的是性。一个是人，一个是心。

虚白：信而求真，"真"求的是"信"。

曾伟：这样就把信解透了。一开始觉得信在面上待着，这样一来就到最根本的东西。儒释道在这个地方都是根本。

虚白：再看看下文："虽曰未学，吾必谓之学矣"，学的目标不就是信字吗？

曾伟：意思就是表面上好像没学什么，但是做到这些就已经学成了，因为学就是修。

虚白："未学"的学是还没有经过师傅的指导，"吾必谓之学矣"的学就是觉，已经通了。

曾伟：前面恰好是佛门讲的资粮到位、加行到位。"吾必谓之学矣"是见到位了，明心见性了，功夫到了，觉悟了。这个次第就出来了。

虚白："未学"也有不必学的意思，孔子说过只有两种人不必学：一个是上智，一个是下愚。因为上智什么都知道还学什么？是先觉者，应该去传道。下愚，学了也白学，因为永远学不会。"虽曰未学"应该指的是上智。唯上智与下愚不移。一个是不用化，一个是不可化。

曾伟：我认为愚不是指智商低，而是指不行动。学了很多东西不行动，肯定是改不了的。只要行动，就不是下愚了。

虚白：古人举的最大的愚是商纣王。商纣王又有武力又聪明，他怎么愚呢？就是因为他不改正自己。

曾伟：可以说他的我执非常严重，自我膨胀。愚上面一个禺，下面一个心。

虚白："禺"实际上是一种猴子，是一种长得很怪的动物。禺是象形字，不是个好东西，鬼头鬼脑的。跟它很接近的字就是鬼字。禺就是关起来的鬼。

曾伟：心上面有一种很怪的动物，实际上是一个妄心、邪心、邪念。

愚就是耍聪明的人。

虚白：开悟的人看这样的人像看猴子一样，粉墨登场，又开始演丑剧了。

曾伟：所以为什么孔子要说“不移”？这种人怎么改得了，怎么教得了？他以为自己聪明得不得了，一直抗拒着你，你怎么“移”得了他呢？

原来以为的下愚是孔子对那种很笨的人的称呼，看来不是这样。这是对那种自以为是的人、耍尽了聪明劲的人下的结论。老实人、本分人是教得了的。我们生活中最怕的也是能力不怎么样但是又认为自己很不错、认为自己比你知道得还多的人。当孔子遇到自认为比孔子还厉害的人，孔子能怎么办？佛门不渡无缘之人。

君子的威重与亲和

虚白：第八章。

> 子曰：“君子不重则不威；学则不固。主忠信，无友不如己者。过则勿惮改。”

这个译法非常多。“君子不重则不威”很好理解，但是“学则不固”这个“固”是什么？就有太多的理解，我们现在很多人理解成学习了就不再固执己见了。其实这是不对的，“学则不固”中的“固”也可以理解成“正固”。“正固”是人们在修行或学习的过程当中的一种境界，就是说，“固”是一种修习境界。

“主忠信，无友不如己者”实际上就是同道者，就是没有我的朋友不是同道者，“如”就是“如如”。还有人解释成不如自己，不如自己这还了得，你不与不如自己的人交朋友那就没朋友了，那样的话孔子最孤独了，他只能跟上天对话，他不能交朋友了，因为都不如他。所以说这个“如”在论语中更多的理解成“如如”就更对了。

曾伟：这个“主忠信”是怎么解的？

虚白：“主忠信”跟主教化是一样的。“主忠信”主语是君子，君子学修的最主要目标：一个是忠一个是信。其实“无友不如己者”讲的就是信的问题。朱熹说“尽己之谓忠，推己之谓恕”，很明白，忠就是尽己。

“贤贤易色；事父母，能竭其力；事君，能致其身；与朋友交，言而有信。”实际上前头就是讲的忠，“与朋友交，言而有信”这是讲的信，这个“主忠信”，实际上与前面子夏那句话是一个意思，就是对父母和国君，也是对家和天下，都要尽己。尽己有两个方向：一个是竭力，一个是致身。“竭其力，致其身”，都是忠。

“信”是“与朋友交，言而有信”，这是与朋友交的原则。孔子非常有意思，孔子在论语当中把这个“同道”看得很重，“与朋友交”、“有朋自远方来”、“天下皆兄弟”都说明他把这点看得非常重。这就是孔子的侠客精神，就是孔子身上有一股侠气，这个侠气我称为英雄气概。“君子不重则不威”其实就是君子气概的一种表达，这种表达在后边还会出现。

学恒：君子要威重。威重是君子气象的一个重要方面。

虚白：威重到什么程度？他威重到“可托六尺之孤，可寄百里之命”这种程度，这不是一般的君子。做君子其实很难的，我们今天说的很多君子其实是伪君子，伪君子是做不来这种事的。君子不重则不威，伪君子是不可能“重”的。

曾伟：虚白，对这个“重”字我有个理解，我认为应该是指德行的厚重，君子不重没有德行，威是起不来的，而不应该只是一个数量概念，“重”还应有一个主体，主体是指德行。

虚白：这个“重”是这样的，我们把里面的日去掉，再去掉一横，就像我们圣字的底下的那个字，这个在甲骨文是这么写的：

这是个人，人深深地扎在土壤当中，一个依赖于土壤的人，实际上是秉地德的人。中间是“柬”，它是“柬”和这两个字（人、土）合在一起，“柬”代表春天，生发、有朝气，“柬”又代表树，代表植物，深深地扎在土里。就是厚重到这种程度。

曾伟：这个“学则不固”，我觉得把这个“学”和你讲的那个“觉”接应一下更好理解，因为按照佛门的说法就是：觉悟的人就是不执着的。这个固其实就是固执、就是执着。因为我对整篇的理解觉得都是一种断执着、断我执，就是通过学习不断地觉悟，因为学是觉的前奏，觉是学的结果，所以学和觉在这个地方是可以通用的。通过学习达到觉悟，这样的人就不会执着于自我了，跟前面跟那个“德行”、“厚德”就刚好吻合起来了。我觉得这样就一直扣着那个断我执的主线。

虚白：也可以这样理解，但我认为“君子不重则不威”更多的是孔子要通过“重”、“威”来展现君子的气概。

学恒：它可不可以解释这种气概的来源呢？比如气概从何而来？从德行而来。

虚白：这就牵扯到这个威严到底是怎么来的。孔子也论到了。其一，威严来自你的地位，一个很高的社会地位自身就带着威严。这是过去人对权力的一种认知。这是威的一个来源——权力。其二，正如你说的，威严来自德行。其三，威还有一个来源：就是人的功绩。这个人做大事做得很多，表面上看着一点也不威严，但你仍然感觉到威。其四，还有一种威，那种威壮散发出一种高远气，这是人修气质修出来的。比如大愿法师柔柔的，但是你一看，极其威壮，你有那种舒畅感，极其威重。你说厚德也行，内敛也行，实际上是气质。我见到他，便非常敬重他，因为我感觉到了《尚书》中讲的四个字“洁静精微”。这个既不是权力又不是厚德，是他的气质表达出来了。这个威就是由这么几项表达出来的。这几项在孔子的《论语》当中其实都做了或隐或显的表达。

“重”作为一种气质的表达，源头在哪？当然是有德了，有德才有重。

曾伟：我感觉这话还有一层意思，其实孔子并不主张一个“威”字，就像你刚才谈到大愿法师的外表并不威严，你只是“敬”他。如果作为一个很有德行的人来讲，我们未必觉得他“威”，我们内心反而觉得他“弱”，我们内心产生的是敬和爱。

虚白：“威”不是我们今天所说的高人一等，而更多的是一种君子在教化的时候形成的一个气场，这样人家才会产生信。官员在治理他的属下的时候有了威才可以有从，他更多的是从这个管理效率的角度去谈的。

曾伟：当成管理方法来讲的话，就与不威而威、不重而重更契合了。

虚白：孔子跟老子最大的不同就是他经常讲帝王，他在国君面前宣讲圣王之道，就一定要告诉你：第一，圣王有什么德行；第二，圣王是有气象的、是可以观察的，你不能表现得像个小丑，你要培养和转化你的气质。这个“威”就成为国君的一种向往。

曾伟：我再针对这个“无友不如己者”说一下我的观点，我认为“无友不如己者”可以解释成：看任何人都觉得比自己强。也就是总能看到别人优点的意思。这样的人跟人打交道时一定是充满恭敬心的。我觉得这样来解很简单也很直白。

学恒：我谈谈我的看法。从主忠信开始到无友不如己者这个问题也是困扰着我，我也找到了一个解决的办法：这句话之所以引起这么多的误解实际上在三个可能发生歧义的字上：第一个就是“无”；第二个是“友”；第三个字是“如”。每个字在这个地方至少有两种解法，第一个“无”首先可以当“没有”讲，第二可以当“不要”讲。我对比了一下《论语》在另外一个地方也有这个“主忠信，无友不如己者”，但在这个地方“无”变成“毋”。

虚白：就是“不要”。

学恒：这样这个“友”就不能当名词用，因为“友”也可以分两种解法，就是朋友或是说与什么人交朋友。如果“无”当“不要”解的话，后边这个“友”就必须当动词解，就是不要和什么人交朋友。我们先解作“不要和不如自己的人交朋友”。这样其实也可以讲得通，我们大家都知道一句话：“近朱者赤、近墨者黑”。实际上说的是一个意思——你跟好人在一起你就变好，跟坏人在一起你就会变坏。就是孔子告诫他的学生你要和圣贤在一起，要和比你强的人在一起，这样的话对你自己的提升有帮助。这是一种解法，我觉得能解释通，但是不是符合孔子的本意就不一定了。

虚白：如果你不能跟不如你的人交朋友，这就出现一个问题：你交了一堆比你强的朋友，那人家该不该跟你交朋友呢？

学恒：理论上是这样，现实中则不会。实际上，这句话孔子是有所指的。《孔子家语》中记载有这样一个故事：孔子对曾子说：我死之后，子夏会比以前更有进步，而子贡会比以前有所退步。曾子问：为什么呢？孔子说：子夏喜欢与比自己贤明的人在一起，子贡则喜欢同不如自己的人相处。所以，《论语》中所记载的这句话可能是孔子说给子贡听的。

当然，还有一种解法：把“如”解成“像”、“如如”。“不如”在这里就又有两个解法：第一个解法就是比不上自己，第二个就是不像自己。什么不像自己？跟前面这句话联系起来，就是说不要和那些不像我自己那样讲忠信的人、注重忠信的人交朋友，就是说你交的朋友要和你一样“主忠信”。

虚白：对，这就通了，而且上下文都通了。

学恒：这句话这样理解也是通的。

虚白：孔子跟其他的圣贤不太一样，他是通过朋友来阐述一种伦理观念，中国人的朋友观是从孔子那来的，中国的人际链条增加了一个链条：就是朋友。这个链条非常重要，因为它超越了血缘关系和上下级关系。有时候叫朋，有时候叫朋友，有时候叫友，都一样。孔子用这三个字表达的都是同道者。从这个角度我们去看“无友不如己者”就是你交朋友不能说在主张上或者忠信的认知上跟我们不是同道者。

学恒：还可以这样解：就是说没有朋友不如自己。那么没有朋友不如自己，就是你的朋友圈里没有一个朋友讲忠信比你差，这个也可以讲通，也符合孔子的本意。

曾伟：“无友不如己”其实可以从客观事实和主观心态两个方面来理解。从客观事实来讲，“无友不如己”那就是指朋友都比自己强，就意味着你不与低过自己的人交朋友，这样的确行不通。但若从主观心态上来讲，可以把“无友不如己”看成在你的心目中，你看谁都很敬重，都看别人的优点，都觉得别人有优于自己的地方。这样，“无友不如己”就涵盖了所有人，也包括了别人认为的不如你的人。这样的“无友不如己”是没有任何人比自己差的，哪里又会出现不与比自己差的人交朋友的状况呢？如果你把自己的执着心、傲慢心去掉，你就会觉得周围人都有值得你去学习的地方。

学恒：这里先“阙疑”吧。我们再看看本章原文的最后一句：“过则勿惮改。”这是指有了错误，有了过失不要怕，你得主动把它改掉。惮就是忌惮、怕的意思。

虚白：我们把“主忠信”、“无友不如己者”拿开，我们发现“君子不重则不威”是讲君子气概的，“过则勿惮改”也是君子气概的，“改过”是君子气概。

孔子讲“错”和“改”之间的关系，一个是“过则勿惮改”，另一个是“不贰过”，不过“不贰过”比“过则勿惮改”境界更高啦！

学恒：孔子在另外一个地方讲到过这个："过而不改是谓为过矣"，就是你知道错了还不去改，这就是真正的错误。他说的跟这个意思是一样的。

虚白：实际上我觉得孔子在这里开了一个英雄的气概，就是君子的气概。我们讲到孔子跟老子的不同就是他很看重人在世间的修为、表达，因为人和人之间是可以观可以赏的。

孔子始终在两个层面上来回游移：一个是作为一个自然生命体在人世间的表现；另外一个是作为精神体，追求人的道德、精神境界。他始终不断地对这两个问题进行展示。所以，"君子不重则不威"实际上是从一个人作为一个自然的生命体的审美角度来谈的，但是这里面仍然是有道德含义的，只是他是从自然审美的角度去看道德。其实讲道德的时候又是讲自然的，又反推到自然审美的层面上去看这个人，这个就是孔子非常精妙的地方。

曾伟：我觉得把"主忠信"、"无友不如己者"、"过则勿惮改"这几段按照我刚才的那种解法联起来也能圆通。就是通过不重、不威、不固修到不执着于自己，然后你的忠和信就能起得来，你就会觉得周围的朋友都有很多值得你学习的地方，那么你有过错就根本不会担心不改了，因为人人都会帮到你。而且在这样一个朋友圈里，你犯错也正常呀，你身上肯定还有很多缺点呀，否则怎么叫"无友不如己"呢？

虚白：你这样解是有意思的，"过则勿惮改"是孔子的一种君子境界，就是一种气质。

学恒：君子可以闻过则喜，但是一般人对"过"这个东西讳莫如深，特别怕别人说他这个不对那个不对，但是君子一旦知道这个"过"了则很高兴。

虚白：所以"过则勿惮改"真的是英雄气概，《论语》中只有两个人做到了闻过则喜：孔子和子路。没有第三个人做到闻过则喜。这个说明

《论语》中最有英雄气概的人是孔子和子路啊！在陈蔡绝粮之时，孔子饿成那样还在抚琴，还在畅怀君子的情致，这是英雄。孔子是有英雄情结的，他父亲就是个英雄。他虽然没见过他的父亲，但是仍然有这种浓浓的英雄情结在他身上。第二个英雄就是子路，子路临死之际所表现出来的气节成为中华大无畏精神的典范。

孔子讲的君子是可学、可觉、可感、可观、可述的，因此是可成的，这些对孔子来说是一体的。“观”、“感”、“述”就得阐释君子的风范。《论语》在很大程度上其实都不是讲君子做什么，而是在展示君子的风范，展示就是最大的力量。展示是最让人领悟的，因为它最直接、最能够跟人们最浅层心理的那种感受合上拍。

中国人怀祖情深

虚白：第九章。

曾子曰：“慎终追远，民德归厚矣。”

慎终、追远是两个层面：慎终是对自己的父母，当然孔子做了个假设，就是儿子一定要比父母活得长。慎终就是我们上一代。追远就是我们上一代的各代，一直追到三皇五帝，我们是炎黄子孙。在全世界只有中国人说我们是炎黄子孙，没有第二个民族说我们是什么什么子孙的。屈原写《离骚》都得上溯到“帝高阳之苗裔兮，朕皇考曰伯庸”，说自己是怎么来的，先说明自己的身份。这就叫“慎终追远”。

“慎终追远”就是感通，感通很重要，它是源自心灵的。孔子在前面讲“有朋自远方来”，与朋友交，是水平方向的感通；甚至“传不习乎”，与老师都是水平方向的感通。但是这样的感通不够，超越不够，我们还需要一个超越，就是在纵轴上超越。这个纵轴上超越是我和我的祖先。祖先还不够，我还要跟神明感通、超越，在纵轴上进一步走。

所以孔子说“慎终追远”。许多家谱的第一页就四个字“慎终追远”，这四个字就是中国人通达世界、通达天下的一种手段。我和我的家人或族人通达就是齐家，然后再和周边的人通达就是治国，然后平天下。那么这个纵向感一出来大家就安定了。在朗朗乾坤当中，我们就感知到自己的生命是无穷尽的，这种无穷尽就能让家和国稳定。如果这个是不稳定的，每个人都视自己为一个个体，甚至就是一堆肉体，那我这堆肉体死了就什么都不是了。这样的人什么恶都有可能做出来，毫无约束。

所以，这种以父系为准的纵向的伦理的确立，让中国人十分敬重自己的行为，为什么呢？因为慎终追远就是把他的父、他的祖看得很有道德，看得很高尚。中国人的贵族气哪来的？来自祖先。五千年的中国人在世界上是最具贵族气的。东方属木，西方属金。西方自古以来就是打仗，缺吃少穿就打，不断地向外扩张，这就是金的特征，你看西方走到今天是一部苦难史。中国走到今天是什么呢？是一种人和祖先沟通和自然沟通的艺术人的精神境界。而人的艺术境界是通过什么来展现？就是从《诗经》一直到元曲。可惜到后来断了。

《诗经》到元曲，形式不断地创新，表达越来越自由，元曲是表达最自由的。也就是说我们人的精神境界就在“诗”这样一个语言形式下，寄托了中国人浓浓的艺术情怀，而且是人人会作诗。毛泽东为了追求这种境界让农民地头上都写诗，他是深知古代文化的璀璨的。不过这个时代毕竟已经不是唐诗宋词的年代了，要人人都按着韵律去说话是不可能的。

“慎终追远”、“民德归厚”实际上这里就包含着人对祖宗的德行的一种尊崇和继承，这种继承是为了保证我们当代活着的人有德行。

曾伟：我觉得这里同样可以看到通过对祖先、先人的这种尊崇，然后对自我的弱化。实际上就是把生命当成一条连续的河流看待，你只不过是其中的一朵浪花。这段话同样是自我弱化的一种方式：我们对祖先的尊重，某种程度上就会感到自己的渺小。

虚白：不完全是这样，因为儒家更多的强调“苟日新，日日新，又日新”，强调自我的革新，强调这个积极地、向上地、自强不息地实现自己的天命。儒家很强调这个，但这个实际上不是卑下。每个人都有两个“我”：一个是升浮的我，一个是沉降的我。那么我们追求的是那个阳气升浮的我，还是那个阴气沉降的我？那个阳气升浮的我从某种意义上说就是人性善的，就是“人人可以为圣贤”的我，这个“我”是非常高大的，可以修到“万物皆备于我”，这绝不是“卑下”。

曾伟：其实就是佛门讲的：一个我是意识当中的我，这个我就是自我，这是以五蕴为我，以小我为我；另外一个我是跟外界、跟宇宙完全融为一体的，那个我其实就是真我。

虚白：“慎终追远”、“民德归厚”其实也是帝王学，这实际上是为了让社会和谐稳定的。“慎终追远”就如《周易》所说：“感而遂通天下”，就是通过我“感”来跟世界相交通，然后获得这种境界的提升。通达人是与祖宗一脉相传的，是祖祖辈辈这条生命的河流一直贯穿下来的。所以我经常说孔子说“逝者如斯夫，不舍昼夜!”这句话，可不是一般性的对自然现象的表述，他甚至都可以用在“慎终追远”上。

曾伟：这就讲到“真我”上面去了。把自己跟祖先连起来看，这样一个更大的我，就像一个活了五千年的人一样。

虚白：实际上这是消灭“自我”、断灭“自我”的。

曾伟：把自己跟祖先连起来是断灭“自我”、断灭“小我”最好的方式。

学恒：从一开始读这一章的时候我的体会没那么深，我还请教过虚白中国人为什么这么喜欢追远，以至于经常有人以此来说中国人，说就是因为中国人受孔子的思想的束缚特别愿意去复古，就造成了中国人创新能力的不足。我一开始也有这种困惑，感觉这中间是不是真的有某些关系，如今我听到大愿师傅的一个说法就是我们追根复原到我们祖先那，首先就可以产生自豪感，第二，使人觉得生命源源不断，人之所以有今天，是一步一步这么过来的。

首先作为一个人你要知道你从哪里来的，然后才知道要往哪里去。我觉得要这么来理解对创新是有帮助的，不是说复古、尊古就对创新有阻碍。我们要把渊源的东西接续上才有助于我今后走得更远，这样理解就可以把这种说中国人创新能力不足是因为特别愿意复古的观点加以纠正。

曾伟：我觉得这是把“小我”变“大我”，“自我”变“真我”，其实这是为了把自己变成一个非常强大的人，因为古往今来多少人的能量都在我们身上。我们的能量不仅是今生今世的能量，它是无穷无尽的，按佛家的说法是无量劫以来的累积。

虚白：按曾伟的师父大愿法师的说法就是“源头活水”。

曾伟：而且也不仅仅是一个固化的我了，固化的我再大也是有限的，而源头活水就是源源不尽的，是个灵性生命，是种灵魂存在。我觉得这句话是把“我”从物质层面提到了精神层面，再到灵魂层面。中国人对祖先的崇拜其实就是视祖先为神灵，这句话其实就是让我们回归灵性生命的一句话。

学恒：我们强调、弘扬“慎终追远”这句话有一个最大的好处，就是对那些否定中华民族自身历史的人是一个很好的教育，当你不能否认自己的家族时又怎么能否认这个民族呢？一个人的家族自豪感有了，我觉得他的民族自豪感也就有了。

曾伟：而且我们也知道很多文明古国都断链了，都不能说他的祖先是哪一个，但中国没有，你可以说你是湖南人、他是江西人但绝对不会追溯到国外去。但是很多其他文明古国的人可能就追溯不到了，他可能被这个民族统治了多少年，又被那个民族统治了多少年，自己都很难说出祖先是哪的人。中国人的文明没断过，这就跟孔子提出的“慎终追远”有非常大的关系。哪怕被别人暂时占领了但这个文化就没断，民族就没断，这个灵性生命体就还在。只不过就像河里的水流一样不断有新的水进来、出去，河流的水源源不断，生命之河不会干涸。

虚白：我们说得更具体一点就是家谱。家谱就是把每个人都写在上面，谁做什么、从哪迁来、因什么功绩受到什么赏赐，都在里头。这一追远就了不得了，如果你家谱深厚的话，甚至可以一直追到春秋战国乃至西周。

曾伟：你会发现好多了不起的人都曾经是你的祖先。

学恒：我觉得通过追远这个事确实能够增强我们的自豪感。

虚白：我们老佩服英国人，说他们有贵族气，中国人这么一“慎终追远”就发现自己都是贵族的后代。这么一追就发现中国五千年来既没有西方那样的奴隶社会也没有西方那样的封建社会，中国五千年来就是一个自由畅达的社会。

学恒：在奴隶社会哪有自己的姓呢?

虚白：对，是的。这个就牵扯到对奴隶社会的认识，中国确实有奴隶现象，几个奴隶换一匹马、换多少丝这都有记载，但那奴隶是战俘或者是被征服的其他部落。准确来讲这不能叫奴隶社会，说奴隶只是拿那些人跟自由民来比。再有就是我们对“奴”的理解，《红楼梦》里袭人是奴，焦大也是奴，我们国家这个“奴”的概念跟西方人的概念是不同的。

学恒：可能也是相对的一个概念，就像大臣对奴才，君子对小人。当然，小人也不是我们现在意义上的小人。

虚白：比如说宋代的“妓”，“妓”不是出来卖身的，她只卖艺。这些人天天跟苏轼这些人在一起，苏轼或李清照写个词就是让她们唱，她们都是很高洁的，而且她们有的人就是艺术家。

夏、商、周其实也不是奴隶社会。最有意思的是，我们的历史教科书说西周建洛城就是为了看管奴隶的，然后中间是王城。你知道这种解释荒唐到什么程度吗？如果你是国王，你建了个洛城然后住在中间这一圈，而四边全是奴隶，那你的生命有保障吗？奴隶围着王，这不符合中国人的伦理观念。当然，为让奴隶住在王城里，这些奴隶的待遇也太好了吧。建议编写教科书的“专家”好好读一读《尚书·多士》。

学恒：这可能是周把殷商灭了以后从殷商迁移的一批旧有的官民。

虚白：对，他们仍然是“民”。

学恒：周主要是怕这些遗老遗少以后有机会再复国，就把老百姓给不远千里迁徙到这个地方来了。但是这些老百姓都认同周德，就归顺周了。

虚白：所以你看中国人一旦重视到“慎终追远”这个精神、血脉的联系后，周天子还需要制造兵器统一天下吗？不需要啊！“慎终追远”足矣！所以一旦这个源水活头让我们通了，这个民族焕发出来的力量就是无穷的。

学恒：有一句话“周虽旧邦，其命维新”，说的是在夏商的时候周本身就是一个诸侯国，它是夏和商的旧邦。“其命维新”说明它的目的不是为了把夏商都毁灭了，而是通过“慎终追远”来维新。是为了维新，怎么会不主张创新了呢？孔子的祖先也是殷人，后来到了宋国，最后来到鲁国，他也很热爱鲁国。

虚白：我再举个例子：西方真正大革新是文艺复兴，它不叫文艺革命，叫文艺复兴，要恢复到中世纪前的传统，就是古希腊的传统，从古希腊的那个传统接续过来，那就是源头活水。

所以，大愿法师所说的“源头活水”太好了！那我们的源头在哪？三皇五帝到如今。活水源头在《尧典》。《尧典》就是《尚书》第一篇，而《论语》最后一篇是《尧曰》，这是呼应的。孔子跟尧呼应，所以《论语》从《学而》开始，以《尧曰》结束，这个是非常深刻的。而尧对孔子来说就是追远。

孔子本人对“慎终追远”是非常重视的，他没见过父亲，在问了很多人之后才知道他父亲埋在哪里。为了悼念他的父亲，他特地修了“墓”，从此中国才有“墓”制。以前中国是没有墓的，这是孔子对中国人的贡献。

曾伟：这也是一个“开境界”，开一个人生命的历史境界，让一个人的生命增强历史感，破除个体感。

虚白：当孔子开出一个人生的坐标系时你就可以安了，当开出三个维度的人生坐标系的时候人就稳在那了。这三个维度就是：天地、群己、祖先。

圣贤气象：温良恭俭让

虚白：下面讲讲第十章：

> 子禽问于子贡曰：“夫子至于是邦也，必闻其政。求之与？抑与之与？”子贡曰：“夫子温、良、恭、俭、让以得之。夫子之求之也，其诸异乎人之求之与！”

学恒：子禽问子贡：“老师到一个国家想要了解这个国家的内政，是他打听来的呢？还是别人主动告诉他的？”子禽可能是觉得孔子每到一个地方都会成为别人的座上宾，然后就知道了这个国家的内政，觉得很好奇，于是就问了子贡这些话。

而子贡回答道：“咱们老师是因为有温良恭俭让的德行才得到的，老师了解他国治国政策的方式肯定是跟别人的方式有所不同。”这段话其实就是子贡要表达出“孔子之道至大”，所以有国者（各诸侯君主）都会把他奉为座上宾，都会和他商讨国政，去请教他。我理解更多的应该是别人主动来向孔子请教。

虚白：这个学生叫子禽。“禽”是一种不开化的动物，禽鸟喉咙发出的声音为“亢”，所以陈子禽又名陈亢。孔子讲完之后他没理解，出来又问子贡：“至于是邦也，必闻其政，求之与？抑与之与？”因为一个国家的国政是国家的秘密，这个东西你怎么能知道的呢？这个子禽离孔子相对较远，他不清楚这件事，他诧异孔子到一个国家，这个国家的国君都跟他探讨国政，孔子都清楚这个国家发生了什么。所以子禽很疑惑，于是子贡就做这个回答。

孔子做人，在气质上体现出来的五德叫“温良恭俭让”。其中“温良”是一组；“恭俭”是一组；“让”是一组。温良是玉的品质，当然我用玉去形容孔子并不合适，只是用来形容孔子的高贵。同时又是这样的恭俭——谦恭节俭。“恭俭”应该说是“潜龙勿用”，潜龙勿用修完了就“见龙在田”，虽然没有圣王之位，但圣德的那种精神就表现出来了。

曾伟：这是一种藏在里头的内圣。

虚白：他虽然没有圣王之位，但是他有所有圣王应有的德行。所以别人就自然愿意讲给他听，但他还很谦让。所以我将五德分为三段，也可以分为五段。

我们从一个人的外表气象中就能感知到这五个字。“温”，就是“即之也温”；“良”，实际上更多的是脸上有一种仁善之光；“恭”，恭敬；“俭”，节俭，这个俭跟我们今天对这个俭的解释是有点差异的，有点“敛”的意思，就是“潜龙勿用”，到孔子“周游列国”就是“见龙在田”了；“让”，谦逊，谦谦君子，详和之气贯通全身。

学恒：在周游列国期间，实际上孔子的很多学生对孔子的价值是认识不清楚的。当时个个诸侯国对孔子的治国理念虽然都认同，但是愿意重用的国家不多，加上孔子更有自己的坚守。当孔子师徒一行被困于陈蔡之间时，断粮七日，“从者病，莫能兴”，对孔子的弟子来说跟着孔子像是在长征一样，是有些不满的，有的甚至开始动摇了：“吾道非也?”甚至连子路这样的学生都觉得“吾道未仁”“吾道未知”，更不用说子禽这样的学生了，他会问这样的问题也不算太奇怪。他可能会觉得：“我们的老师到底是个怎么样的老师？真的像传闻的那样是一个圣人吗?”因为悟性不高，圣人就在身边，而不自知。子禽的问话也许有这种意味在里头。

虚白：你说得很对，正如其名“禽”。

很多人跟着孔子周游列国，有一个地方官拜访孔子，出来以后就对孔子的弟子说：“你们跟着孔子还愁做官吗?”

学恒：这就叫墙内开花墙外香。外面的人见过孔子之后就会说：“天哪！你们跟着这样的老师天天在一起!”意思就是我要有你们这样的命的话，还担心什么呢？甚至，孔子的学生会认为孔子是否对自己的教学藏了几手，留有余地。有很多学生没有体认到孔子的圣人人格。

虚白：这也证明每个人跟着孔子其实都是有所求的。

曾伟：我把《学而篇》到现在为止的前后文连起来看了一下，觉得这里边是有一条线的。他从断我执开始，然后讲了几个关键词：第一个就是“孝”；第二个就是“悌”；第三个就是“仁”；接着就是“忠”、“信”、“敬”、“爱”；再往后就是“德”——民德归厚。这是在将修行的次递、顺序一一展开。

“德”是怎么来的？德来源于慎终追远，民德才能归厚。“德”字真正是来源于你生命的厚重；来源于你历史的积累；来源于你对祖先的敬仰。

那么这一段子贡讲“温良恭俭让”，这里又是几个次第。

虚白：“温良恭俭让”不是几个层级，因为慎终追远是民德，我们还有仁德和圣德，这是不一样的。“圣德”是圣王之德，就是乾卦里的九二爻和九五爻。仁德是君子之德，跟圣德差得很远，民德就差得更远了。至于“温良恭俭让”，是指圣人气象。说心里话，这五个字我这辈子都做不到，这不是德的层面，不是修行次第，而是修行完了，修行到圣德之后的气象。有的地方是可观、可感的；有的地方是可修、可述的，这个地方就属于可观、可感。

曾伟：我不是把它们列成一个阶梯，你们看：前边讲孝是对父母；讲悌是对兄弟；讲忠是对君或上司；讲信是对朋友；然后讲德，他这个讲的民德就是对祖先。而子贡在这个地方实际上讲的是为师之道。孔子到哪里都以“师”自居，君王也把他当成老师来对待。子贡所说实际上就是告诉人们做圣人之师或者说王者之师必须具备这些品质。

虚白：其实我是很想修成“温良恭俭让”的，多少年后我发现是根本修不成的，除非你把自己修到了圣人，那太难了！当我们能真正把控自己，完全温良恭俭让了，那就是圣人气象了。伪君子强装温良恭俭让，其实是“巧言令色”。

圣人气象在我们研究古人圣贤之学的时候是排在最后的，因为它最难。朱熹在编《近思录》的时候先讲道体，讲人和宇宙的沟通，讲人的伦理次第，最后才讲圣人气象。宋儒对《学而篇》是真正很有体会的。

所以，如果不给修行者一个可观、可感、可修、可述的标准的话，君子是无法学的。就像你不给善男信女一个阿弥陀的世界，没有西天的圣洁他怎么能把自己的思念挂在那里？如果佛当年说那是无形无相的，善男信女就没了，一定要把那个相说到精准得不能再精准，让你一下就想到那个“七宝”的世界。其实在儒家这里也是一样的，“夫子温良恭俭让”就是圣人的气象，让你一下就看到，这就是可观、可感。

曾伟：其实《论语》在它的在第一篇里是把很多的概念、范畴或者说境界提了出来，前面从孝、悌、忠、信、敬、爱、仁、德，再到温、良、恭、俭、让，它们构成了一个总的价值体系，并且前后遥相呼应。

虚白：我们也可以把它分为三段：学道有成、君子有成、圣贤有成。到“温良恭俭让”这已经是圣贤有成了。我们之前看到“入则孝出则悌”

还是学道有成。

曾伟：很多人不愿意把《论语》当成一个内在结构很严谨的体系来看待，认为只是一段话一段话地拼接。而我从佛门的角度来看，我感到《论语》内在的脉络是很清晰和严谨的。

学恒：孔子的思想肯定是一个很成体系的思想，不管别人接受还是不接受，都无损其伟大。有人经常用孔子的思想不为诸侯君主所采纳而否定孔子。用颜回的话来说，就是：夫子之道至大，即使不为人所容，也没有关系；甚至，正因为不为人所容，才显得吾道至大、吾师真君子。

和美之礼

虚白：《论语》讲完圣人之后又开始讲为子之道了。第十一章。

> 子曰："父在，观其志；父没，观其行；三年无改于父之道，可谓孝矣。"

这是讲为子之道。"入则孝"之后他又再讲为子之道。因为我们谈孝道已经很多了，此处就不做深谈吧。再看第十二章：

> 有子曰："礼之用，和为贵。先王之道，斯为美。小大由之，有所不行；知和而和，不以礼节之，亦不可行也。"

这是讲礼、和。

曾伟：礼与和的境界又开出来了，整个《学而篇》是在不断地开境界。

虚白：接下来全是谈礼："恭近于礼，远耻辱也。""信近于义，言可复也。"

过去我们老认为礼就是礼仪，其实不尽然。礼的范围要深刻得多。“礼之用，和为贵”，表示中国人治国是以“和”起首的，然后到脚又是“和”。我们回到孔子会发现，“礼之用，和为贵”是孔子治国的理想。实际上是说，当一个民族成立国家运行起来之后，必须有一个主体去匡正。起这么大一个作用的，就是礼。

曾伟：这句话是说礼的根本目的其实是达到和的效果。

虚白：就是礼和嘛！

曾伟：“礼”并不只是约束。因为我们经常说礼教、礼制，感觉“礼”有很强的约束力，但这个约束的目的是让大家能够和谐。

虚白：“礼”不是规定，而是达到“和”的手段和工具。

“礼”也是可以修出来的，它不仅仅是规定，也是人外在的气质。“文质彬彬，然后君子”，可见君子是可观的。之后形成社会规范，便是“彬彬有礼”。

再看看后文：“先王之道，斯为美”，“先王之道”这个“道”不是道路那个“道”，是先王治国的一系列方法。“斯为美”就是把“礼”、“和”连在一起的这个治国方法是最美的。

曾伟：“美”又是新开的一个境界。

虚白：所以孔子把“礼”当作审美的对象，进入道德审美的境界。

一个人不把道德修起来是永远理解不了“礼”的。人们的次序乱了就不懂“礼”，就体会不到“和”与“美”。“礼”是和“序”连在一起的，因为“序”会产生“和”，进而产生“美”。而这个“序”是什么？就是先王之道里最值得我们去欣赏品味的东西，就是“礼”。

曾伟：我觉得这句话就是讲用“礼”达到“和”的效果，这样的管理才是堪称最美的一种管理。而这恰恰是先王之道。

虚白：对，除了通过“礼”达到“和”，孔子还说过可以用“刑”来约束人，让社会也有秩序，人们也不犯法，但人不知道羞耻。所以孔子说那些都不是美的，“斯为美”——这才是最美的。

再看后文：“小大由之，有所不行，知和而和，不以礼节之，亦不可行也。”这说了一个反面，就是人若是强行为了和而去和，不以礼节之……

曾伟：就是没有礼在里头。

虚白：对，这个亦不可行也。

曾伟：也达不到真正的和。

学恒：“如不以礼节之”，是说如果不以“礼”去节制他的意思，可见，今天我们经常挂在嘴边的这个“礼节”，也不是我们现在所说的礼节的意思，而是指以礼来节制。

虚白：这个“节”就是六十四卦中那个“节”卦，节以制度。

学恒：对。这个“礼之用，和为贵”，我是这么理解的：我觉得“和”应该是“中和”的意思，就是“中庸”，就是用“礼”要恰到好处，把握这个度，这是最难能可贵的。

曾伟：你把“和”理解成用礼的一种标准，用到什么程度。

学恒：要考虑到“过犹不及”。到“中庸”、“中和”的时候是最恰到好处的，要把握一个度，这样来看后边“小大由之”就好解了，意思是说这个“礼”的分寸拿捏得比较好的话，是大礼还是小礼就都没所谓了。

而“有所不行”是指有时候“礼”有推行不下去的时候，你要知和而和，但是也不可太求和了，在知和而和的时候还是要以礼节之。

曾伟：你的意思就是在“有所不行”的时候要“知和而和”，不能强压，但又不能丧失原则。

虚白：我们看这段话有一点要注意的，孔子是个音乐家，他是用音乐来表达他的思想的。“和”是音乐当中一种很美的表达，因为孔子很重视“乐”，就如“礼乐”是合在一起，在说“礼”的时候恰恰是用“乐”来表现的。

曾伟：他对“礼”的理解就像音乐一样：有分别，有差别，但是非常和谐、统一。就如一首音乐的各个音符是有差别的，但音乐本身整体又必须是统一的。而我们常人说“礼制”，把礼跟制度等同，这样就在刚性的制度前，让礼失去了乐的美感。但孔子是把礼理解成音乐一样的。

虚白：“礼”其实也含了法度。

曾伟：音乐就是又有节奏，又有旋律。节奏就是“度”，旋律就是“和”。这样理解就美了。所以在孔子心中“礼”是很美的一种管理，难怪他说“斯为美”。可惜后来我们“文革”的时候，用“封建礼教”这么丑陋的一个词把它给概括了。

虚白：这是人性的羞耻。

学恒：实际上“封建礼教”是后来逐代慢慢形成的。在孔子那个时代，尤其是周朝那个时代，不是我们现在理解的礼教，你若不按规则办事是不对的。但所谓“封建礼教”比如妇女缠脚这个问题就跟孔子一点关系都没有，这些后来也变成了“封建礼教”的一部分。

曾伟：那是后来人把它给塞进去的。

学恒：最早的时候大约是宋代之前，觉得脚比较纤细的歌妓在跳舞的时候舞姿会比较优美，于是从宫廷开始裹脚，后来才传到民间，开始的时候不是为了束缚妇女的，也是为了追求一种美。到宋的时候才有公主裹脚，到明朝的时候就比较盛行了，但也不是那么彻底、绝对。

虚白：明朝可以有大脚，马皇后就是。

学恒：“露马脚”嘛！说的就是朱元璋那个太太。

曾伟：“礼之用，和为贵。先王之道，斯为美。”这一段话读起来真的很美，所以礼仪之邦是很美的。

我现在看日本稻盛和夫的阿米巴经营模式时，也产生了这样的感觉，稻盛先生是把孔子琢磨透了。所以他搞的企业管理模式非常有礼乐的美感。

虚白：日本企业家之父涩泽荣一说过“一只手拿《论语》，一只手拿算盘”嘛。

学恒：为什么说“半部《论语》治天下”呢？治天下也好，管理企业也好，都离不开《论语》。至于为什么是半部《论语》？我们也没有必要说有了《论语》就可以包打天下，管理思想要落地，还要用到其他管理工具，比如阿米巴还有另一只手是管理会计。

曾伟：所以稻盛先生的管理模式是经营哲学加管理会计。他的管理会计就是算盘，他的经营哲学就是论语。拿论语作为他的思想，管理会计作为他的工具。管理会计是西方式的，论语是东方式的。

虚白：这就是我们喜欢《论语》的原因，《论语》经常让我们感觉到精神上的解脱，这种解脱是从审美的角度让我们获得的。

曾伟：现在很多企业的管理者想尽了办法却无法做好管理，他们没有想到还有一种这么美的管理。

稻盛先生的管理是很美的，他每天算出每个员工的盈亏情况，但他并不罚你。算账算得清清楚楚明明白白，但是他又不奖不罚。

学恒：实际上只要把账算清楚了，像玻璃一样透明，业绩就摆在大家的面前了，结果呈现出来，公开了，就是最好的奖罚。人人都有羞耻心嘛。

曾伟：觉知就是最好的奖罚，他把你的良知激起来。

学恒：我觉得这里可以说是三个层次：价值观、工具、公开。

曾伟：西方的管理以效率和效益为标志，从来没有用美来形容过管理，管理用美来形容我是在《论语》里第一次看到。西方管理以结果为导向，但孔子提出的境界却高得多：管理以美为导向。这个境界开得太高了。“礼”是管理手段，“和”是管理效果，“美”是管理的境界。与只能使用利润来衡量管理水平的西方管理相比，这个境界上的差别太大了。

“先王之道，斯为美，小大由之”好洒脱！

虚白：当年看到“先王之道斯为美”这句话，获得了彻上彻下的舒服。

曾伟：“有所不行，知和而和，不以礼节之，亦不可行也。”这就像我们在企业里做变革的状况。“有所不行”就是当推进事务遇到阻碍的时候要“知和而和”，不要强行硬推，单纯地依靠奖和罚把它强行落实下去，要审时度势。

学恒：但是变通也是要有原则的。

曾伟：“和”不是一团稀泥，“和”是要有节制的，“和”中还要体现“礼”。走一步“和”一步，“和”一步“礼”一步，每“和”一步“礼”都在其中。制度是逐渐规范起来的，但是每规范一步和谐都要贯穿始终。也就是这个礼是有层级的，从一开始的制度到最终的制度是一步一步演变的，绝不是一步到位的，不是把一套制度强行推下去，然后抓执行，这是行不通的。

“知和而和”这四个字太美了，这段话在语言上的色彩感都很强。

虚白：对，所以说这话的有子也是很厉害的。

“近”字有深意

虚白：第十三章。

有子曰：“信近于义，言可复也；恭近于礼，远耻辱也；因不失其亲，亦可宗也。”

这里讲的就是信和义的关系，就是“信近于义”。

因为这个“義”（“义”的繁体字）上边是个“羊”下边是个“我”。“羊”取的是一个很善的相，“我”是守财富的我。这样的汉字很多，比如河南的简称“豫”，古人说这是一种有预知能力的象。我们也可以这样看“豫”，“予”——就是我，指的是施舍的我，“象”——就是万物的象征，合在一起就是持“大象”的我，不是执“小象”的我。这个“豫”是指大概念的“我”和大概念的“物”——一个是“予”（大我）一个是“象”（大物）。这样的“豫”是指内心和悦。人感通了客观世界、万象，人就和悦了。所以你看这个“義”实际上也是表人感通这个世界：“羊”和“我”为一。

曾伟：信近于义。

虚白：所以“义”实际上是人跟外界感通的过程当中，知道什么事情是应该做的、什么不应该做，这个叫作“合宜”，“宜”通“义”，“义者宜也”。所以也可以说信近于“宜”，就是“信”已经到了这个份上了。适宜的标准不是我内心的判断，而是感通万象。

也可以理解为我感通之后所领悟到的东西是符合天道的。所以可以用这个标准来衡量一个人的“信”。

曾伟：是不是也可以理解成：一个很讲信用、讲信义的人，很容易得到大家的认可。因为这样的人与周围的人一定是感通的嘛。

虚白：对，“信”和“义”是连在一起的。然后“言可复也”，你所说的话就能够实现了。“恭近于礼，远耻辱也。”其实在我们的生活当中远耻辱是人的一种追求，但是怎么才能远耻辱呢？“恭近于礼”。做人恭敬是非常重要的，恭敬到什么时候让人感觉到你有“礼”了，你就不会有耻辱。所以做人的谨慎和规矩是非常重要的。但“恭近于礼”不是恭达到礼，因为“礼”的标准更严格。

“因不失其亲，亦可宗也。”

学恒：能不能这样来理解："亲"在论语中多指父母，"宗"可通"踪"，有点追踪、追远的意思。"信"应该无限趋近于"义"，"恭"应该无限趋近于"礼"；这样可以做一个类比，我们沿父母一直往上追溯，就可以趋近于自己的祖宗了（寻到根了）。这个"因"在这里可作"因循"的因来解。即"因其亲，宗其宗"。

虚白："宗"其实还有一个意思是榜样、学习。"信、义，恭、礼"，你在做的时候应当亲比亲历，这也叫"不失其亲"。

曾伟：如果前后连起来，信近于义，恭近于礼，信和义是很亲近的；恭和礼也是很亲近的。亲应该有这个意思。

虚白：对。亲就是亲密。

学恒：亲也是"近"的意思。

虚白：亲还有比的意思，亲比即往上靠。

曾伟：这样理解的话，前后就呼应起来了。"因不失其亲"只是对前面那两句话的一个概况，而不是另外又列了别的东西。我觉得不应该另外列一个主体出来比如姻亲或血亲。"亦可宗也"就是不失其宗，不离其宗。"宗"是什么呢？"宗"就是远耻辱、言可复，也就是可以达到这样的目的，不偏离这个宗旨。

学恒：有道理，这样解也是通的。

曾伟：怎么才能做到呢？就是要靠这种亲比。我觉得还有一种意思，就是恭和礼互为借鉴。恭太过的话会导致一种卑。恭近于礼，这是用礼给人设了个边界。

虚白：义和礼全都有社会标准，而信和恭纯属个人行为。

学恒：这也解答了前面我提到的一个问题，即"信"与"仁义礼智"这四端不在一个境界上的问题，离开"义"来讲"信"是没有意义的。

《论语》“泰伯篇”讲到孔子的一个论断，“恭而无礼则劳”，不依礼而恭，自己累，也会让别人觉得累，累心，整天点头哈腰的，看似很“恭”，实则连尊严都没有了。

曾伟：那看来这个“近”是指：内在标准和外在标准能够互相统一，就能不偏离宗旨。

虚白：这就是我的解释。跟传统解释不一样。

曾伟：我赞成这样。因为信和恭是内在标准，义和礼是外在标准。内外为什么用“近”呢？就是内心的标准接近于外在的标准。

虚白：个人去和社会标准亲比。说亲近不妥。

曾伟：这样才能不离“言可复、远耻辱”这个宗旨了，个人与社会，不偏不倚，内外统一。

虚白：“因不失其亲”的“因”也可以解成因循做事，按此做事，则不失其比，不失其亲。

学恒：不离宗旨，也是不错的解释。

虚白：我们还要讨论一个东西，就是因为孔子谈到了一个非常重要的“远耻辱也”。因为耻辱是人人都惧怕的，千万不要有耻辱，是吧？这跟现在社会不一样，现在人争抢耻辱。

远耻辱就是恭近于礼。那我们看看恭礼和耻辱的关系，如果一个人恭却远于礼会发生什么，另外一个人完全符合礼但不恭会发生什么，还有一个人不恭敬也不符合礼，又会发生什么。

学恒：礼、恭这组概念可以用到四个象限分析法。

虚白：对，你把这四个象限拉出来之后，就知道孔子太爱他的学生了，才会说“恭近于礼，远耻辱也”。因为恭近于礼有很多结果，孔子挑的是“远耻辱也”，实际上这是教化者非常细致的地方。

学恒：你说慈悲，字字皆慈悲。

曾伟：恭远于礼就是一个人恭敬却过分谦卑，这也不合礼。

虚白：过于谦虚不符合礼节会是什么结果？一个人总是点头哈腰，低三下四，远于礼，会怎么样？近期会获得一点收益，远期则会招致灾祸。

学恒：前恭后倨，人前的时候很恭敬，点头哈腰的，人后却是仰着头。

虚白：这种人会有远祸。他的祸端不久就出现，成不了事。当他得到教训、碰壁之后，这个人会无恭也无礼。孔子是不希望他的学生这样。这是“恭近于礼，远耻辱也”用意所在。孔子对学生的爱就体现在“远耻辱也”这四个字上。因为任何老师都会对学生说要恭近于礼，但后面四个字就不一样了。

曾伟：根据“礼之用，和为贵”这句话，礼最终目的是达到“和”的效果，如果你恭远于礼，那么你跟周围就不能达到真正的和谐。处于非真正的和谐中你会很压抑，你的生命力跟外在的生命成不了良性循环。“和”应该是能量的“和”，你的能量跟外在的能量和不起来，你自己在压抑你的生命力，这也是一种辱，这种辱不是面子上的，而是你自己的一种自卑感、自我的屈辱。所以我觉得恭如果远于礼，就达不到和谐，会深感屈辱。

学恒：孔子说的几个境界都是配套的，如果别的境界都很高，这个境界低就不行。

曾伟：实际上中庸就在这里了。不偏不倚，要恭敬但是没必要过于谦卑、恭远于礼。你内和外不平衡，能量交换起不来，勃勃的生命力就被压抑了。所以说一味好强不好，一味示弱也不好，孔子希望达到一种天地人的和谐，一种循环，一种中庸。

学恒：这个“近”字还是很有味道的。

虚白：这个“近”字非常重要。“恭近于礼”是说我们每个个体都是有自己的天性的，但这个天性跟天理并不等同。各人的天性各不一样，但天理只有一个。“礼”才是天理。所以他对学生说你们要近于礼，鼓励他们向礼去靠近。这个“近”虽然不是前进的“进”，但仍然激励着学生不断地向礼发展、趋近。

学恒：“礼”跟道理的“理”相同，跟天理的“理”也相近。

虚白：礼者，理也，《礼记》中有这样的话。这个礼看似是规定，但实际上是由一个更大的道理来支配的，这就是天理。“恭”也代表我们对礼的人生态度。

学恒：这个“近”就是“虽不能至，心向往之”。

曾伟：按照佛家的说法，恭怎么样都不能等同于礼，为什么呢？因为“恭”还是有自我在，只要有自我在，你跟天理就划不了等号，因为“恭”还是自我在起作用，所以你只能够趋近。只有当自我完全变成无我，你才能跟天理融为一体，所以在这过程当中你只能不断趋近。按照王阳明的说法，最终的天理实际上就是内心的良知。

虚白：为什么要提示“近”字呢？因为“礼”理解了，这个“近”字就理解了。

曾伟：从自我走到自性，从妄心走到良心。

学恒：这种修炼是无止境的。

曾伟：“修”的概念就在这里。

虚白：修行在儒家里叫功夫境界。

曾伟：“近”字就解释成一个“修”字了。

虚白：而且“修”是有方向的。“近”实际上也是有方向的，有出发点，有终点，也有大小。这就是儒家的修行。

儒家修行的“好学”境界

虚白：第十四章。

子曰：“君子食无求饱，居无求安，敏于事而慎于言，就有道而正焉，可谓好学也已。”

这又是君子的一种境界。其实君子是淡淡的，君子是轻轻的，所以他食无求饱，居无求安，他不求这些。但是你说他不饱吗？他很饱；你说他不安吗？他很安。实际上就是怎么都行。甚至绝粮七日，孔子都会很安静，气定神闲，其实这是一种君子风度。

常人是做不到的，常人食就一定求饱，居就一定求安，求不到就纠结。凡人纠结的东西，君子早就从中解脱出来了。君子追求道，他要不断地使先觉的人启发后觉的人，就有道而正焉。

“敏于事而慎于言”，这是说做事情要敏捷，说话要慎重。《周易》中把“说”叫兑卦。“兑”字含义是缺口，某个器皿上缺一个口称为兑，实际上是破损。我们说话不慎重就是伤人，同时也会伤己，就是“兑”。另外，六十四卦中还有一个夬卦，也是一个大缺口，有洪水决堤之象，“夬”加“心”就是快，快言快语有时候会泛滥成灾。同样，上下都缺口的卦象（下面是个反兑）是大过卦，此卦有“泽灭木”之象，俗话说“唾沫星子淹死人”。

虚白：口可以给人带来快乐，但其实也容易伤己害人，所以要慎重。事业没做成以前叫“事”，有了功绩了叫“业”，所以说“业绩业绩”。因此要“敏于事”，敏于事才会有事业。但你拖拖拉拉就都给耽误了，因为事跟时有关。“事”跟时间的“时”是通解的，“事时、时事”就是事本身要应时。古代农业社会种地者不敏，就误了农时了。所以，古人认为做“事”要敏。

“敏于事”和“慎于言”还有新解：你有了一点体会不要马上就说出来，要慎于言。因为你的体会可能不对，要先去请教师父。师父一笑说“可以”，你就知道了，也可能说“可以，还不够，还要继续去悟”。“就有道而正焉”，这就是孔子告诫他的学生：还没有求证千万不要乱说，说出去可能你错了，既不利于己也害了别人，别人以为真的是这样。

这里体现出师的重要性，师其实就是“就有道而正焉”，师即正师。师的价值就在于随时随地改正学生的错误，让学生行正道。正师是随时随缘而合的。

曾伟：这是一种生命的和合，跟任何人都能够和合然后形成新的生命。这就是师，师是无我的，因为他跟任何人的“我”都能和合。

虚白：有一点体会就到处说，这就是自我。所以“就有道而正焉”，可谓好学。这时候好学的标准被提出来，好学者的特征也出来了。所以几层意思层层对列。

曾伟：我想到《心经》里“色不异空，空不异色，色即是空，空即是色”。君子食无求饱，居无求安，实际上就是“色不异空”，为什么呢？因为无所求，看破了最后对吃对住都不在乎了。但他紧跟着说“敏于事而慎于言”。这样一个对衣食住行都很不在意的人还会拼命去做什么事呢？他还那么在乎自己的一言一语干嘛呢？我觉得这就是“空不异色”了。

很多人看破以后就啥都不做了。看破了还做什么？反正又不求肚子饱，又不求住得好，生活无欲无求了，这种人马上就可能无所事事了。生活中很多人就在这里陷入执着。这是什么执着？执空。

孔子这句话告诉我们：千万不要执空，尽管我们都食无求饱，居无求安了，但你还得在自己的言行上好好地去修，既要敏于事又要慎于言，不能无所事事，无欲无求，这就是空不异色。不能无欲无求，也不能求食求居，那求什么呢？求“道”！“就有道而正焉”。这是“色即是空，空即是色”，最后行正道了，色空不二。然后“可谓好学也已”，好学就是最终的觉悟之道。这段话其实就是告诉你最终你就觉悟了。

好学等于是一直在“觉”的路上努力地往前走，这是觉悟的过程。这段话就是说了一个觉悟者的心中历程，恰好对应“色不异空，空不异色，色即是空，空即是色”。

虚白：颜回就是这样的一个“好学”者：食无求饱，居无求安。他是一个真正的求道者。

学恒：“一箪食一瓢饮，在陋巷，人不堪其忧，回也不改其乐。”不是苦中作乐，而是不改其乐。乐是他的本色，说的就是颜回。

虚白：“颜子（回）乐处”，契合的是这段。

曾伟：您刚刚对“事”的解也很重要，这个“事”不是一般的事。“敏于事”的“事”是符合德的事情，是一种慈悲的、利他的、不失德的事情。

虚白：就是“仁事”。

学恒：孔子说“君子食无求饱，居无求安”，我们回到孔子的那个时代还有《论语》的语境中去。在孔子的那么多弟子里面，很多人都没有解决温饱问题，孔子恰恰拿这两个事来说，说明“食求饱，居求安”是他当时一般弟子追求的人生目标。这个对很多人来讲都是，但是孔子恰恰从这里开始，就是说他认为君子要求道，食也好居也好，都只是手段而已。即你能够肚子不空就行，有一片地方住就行，不去追求住得很好吃得很好。但是反过来说，食要求饱，就思淫欲了。什么事情到了极点以后要走向反面。

接下来这句“敏于事而慎于言”是一个求道的过程。这个过程当中，“敏于事而慎于言”就是说你还没学到家呢，这时，做事要很敏锐，说话要很小心，因为你没修炼到那个境界。“就有道而正焉”是告诉大家修行的办法，前面“食无求饱、居无求安，敏于事而慎于言”都是修行的方法，这句话是最后总结，这样是最好的善于学习的方法。

虚白：这也是功夫境界，敏于事而慎于言。

学恒：这样理解我觉得更可以回到当时孔子教学的境界。

曾伟：修行就是从持戒开始的，佛门讲以戒为师。慎言就是持戒。食无求饱、居无求安也是持戒。

虚白：这里没有明确地说持戒。

曾伟：但有这个意思。

学恒：其他的生活中的一切东西，都只是你通向“道”的路上的辅助，基本解决问题就可以了。

虚白：非常好，你把“敏于事慎于言”解释成功夫境界了。

学恒：就是修行的一个过程。

曾伟：前边是修行的前提，修行首先要持戒，然后是修法，后面是果。

虚白：这样就连贯下来了，从孝悌开始展开修行的路线。

曾伟：“食无求饱居无求安”相当于因，“敏于事而慎于言”相当于行，那么“就有道而正焉”是个果，符合因缘果三段论。佛门里面讲基道果，“君子食无求饱，居无求安”是基础，“敏于事慎于言”是过程即道，“就有道而正焉”就是得果。所以这是一个三段论。

虚白：所以“好学”两个字就是功夫境界，以前谈的那些境界都不是。比如程颐说“敬”是儒家修行的功夫，其实“敬”只是好学的一种。颜子乐处才是功夫境界。

曾伟：把您讲的“学”和“觉”统一起来，好学其实就是好觉，就是修行。

虚白：“学”是还没有学成，“事”变成“业”了才是“觉”，有真知灼见了。没见解要慎于言，有见解该教化了，就不是慎于言了。

学恒：这也就是有能力就发慈悲，没达到的时候要修炼。

曾伟：六祖慧能讲过“弟子心中常生智慧”，一般人不能体会到这句话的意思。六祖慧能尽管不识字，但他是一个常常在追求觉悟的人，也就是很好学的人，只不过他不是修文字，而是修行。所以他说“弟子心中常生智慧”，其实五祖弘忍一听这句话，就知道六祖慧能已经修行很久了，而且经常在修行的过程中得到开悟。

虚白：六祖用了一个词，“常生”。“常”表示六祖不自暴自弃，因为一懈怠就不会“生”。

学恒：精进。

虚白：对，日日精进，时时精进。

曾伟：一般人听到这句话会觉得这个人很骄傲，自己觉得老有智慧。其实这句话不是说我经常有智慧，而是说我总是很精进地求学求道。五祖弘忍一听就明白。

学恒：“食无求饱，居无求安”实际上也是一种境界。吃不饱饭，滋味不好受。但孔子说总让肚子饿着点才是正常状态，一般人想我拼命干活就是为了填饱肚子，但是孔子恰恰告诉你不要求饱。求饱居安是很危险的，宁愿受点苦，也不要把自己置于一个很危险的境地。“找饿”与“挨饿”不是一个境界。

虚白：这是孔子的养生法。

曾伟：就等于吃苦是福。

虚白：孔子说自己废寝忘食，“废寝”是居无求安，“忘食”是食无求饱。孔子说自己求道过程中做到了废寝忘食，跟这个也是互相印证的。

曾伟：这个“废寝忘食”跟我们现在理解的“废寝忘食”意思不太一样了。

虚白：这是真的废寝忘食。

学恒：求道为重，其他都是次要的。

子贡的通达之路

虚白：第十五章。

子贡曰：“贫而无谄，富而无骄，何如？”子曰：“可也。未若贫而乐，富而好礼者也。”子贡曰：“诗云：‘如切如磋，如琢如磨’，其斯之谓与？”子曰：“赐也，始可与言诗已矣，告诸往而知来者。”

在这里，子贡本着“就有道而正焉”的好学精神，请教孔子。子贡做到“贫而无谄，富而无骄”了，来孔子这里求印证。孔子就此提出一个修身有成的标准——“未若贫而乐，富而好礼者也”。

从“贫而无谄”提高到“贫而乐”的过程，需要“如切如磋，如琢如磨”。这是人生进步的一个过程。如切如磋，如琢如磨，是制玉的过程。玉拿什么去磨？“它山之石可以攻玉”，是用特别顽劣、特别粗鄙的东西去磨玉。你可以是顽石，也可以是这块玉。一个比你还顽劣的人，把你磨成了玉，就是你要断怨恨心，越磨越光、越磨越润。最终变成宝玉。那些天天想害你的人、天天想折腾你的人最终把你变成了宝玉了。切磋琢磨，正是君子修行过程中必须经受的磨难。

但是，你要知道这块宝玉成了玉，这块顽石也会光滑的。尽管石头不是玉，但是磨了玉后，也变得圆润了，也能在社会上立足了。

玉就是断了嗔恨心的石头，顽石是没有断嗔恨心的石头。你变成了玉，要感谢那些顽石。磨完了，是玉是石，取决于人的内心转变。

学恒：孔子还说过："贫而无怨难，富而无骄易。"难易都是相对的，也是有次第的。贫而无谄，富而无骄，能做到这一步，也不错。

曾伟：这只是第一层境界，这一层境界表面上是断了我执，不追求富有，富有了以后也不骄傲。其实这还是一个"色不异空"的境界。孔子马上提出说你这样做是可以的，但是不够，还有更高的一层境界。为什么只是贫而无谄呢？"无谄"只代表你能接受"贫"，但你并不快乐呀！你在"贫"中保持"乐"那才证明你得"道"了。

"贫而无谄"是有眼耳鼻舌身意的，因为你知道自己贫。而"贫而乐道"是把贫忘掉了，没有贫富之分了。"贫而乐道"的"道"就是没有贫富差别的境界。这种境界中的乐是无欲之乐。

虚白：就像我们说的"喜乐"和"快乐"的分别。

曾伟：喜乐是无欲之乐，没有分别的乐。知道"贫"、接受"贫"说明我们自身的心还在里头，而"贫"中能"乐"是因为身体里无形无相的心和大道心、天地心相通了。所以贫而乐道是一种境界，一种无分别、无眼耳鼻舌身意、无欲的境界。这是佛门讲的成就者的境界。这也再次证明孔子是修行的大成就者，绝不是我们现在常人理解的形象。

孔子在这里开出的境界的确比子贡高出很多。子贡"贫而无谄，富而无骄"是生活中很有修养的人的境界，而孔子开出来的境界是大修行人的境界。一个是修养一个是修行，不在一个数量级上，甚至都不在一个空间中。子贡还在欲界，而孔子已离了欲界。

然后子贡说"诗云：'如切如磋，如琢如磨'"，子贡开悟了，问孔子：要达到这个境界是不是要经过像《诗》里说的"如切如磋，如琢如磨"的过程才可以啊？

学恒：情景就出来了。

曾伟：子贡马上就开悟了，一般人绝对没想到子贡紧跟着说“《诗》云：‘如切如磋，如琢如磨’”。

学恒：子贡的领悟力甚至超出了孔子的预期，给了老师一个惊喜。

曾伟：孔子能开出这样的境界，说明《心经》里讲的“无眼耳鼻舌身意”的境界，孔子是达到了的。孔子肯定达到了禅的境界。

虚白：孔子的“知天命”其实就是无眼耳鼻舌身意。

曾伟：一定是。他是想接引一下子贡，看子贡上不上得了道。没想到子贡立刻就过来了。“《诗》云：‘如切如磋，如琢如磨’，其斯之谓与?”这句话与前一句话若不从修行的角度看，真是好大一个跨度。

学恒：子贡也学了很多但没有开悟，孔子一点拨他就通了。我觉得这是子贡最大的收获。

曾伟：佛陀在世的时候，一场经讲下来好多人当场开悟。

学恒：这也是“就有道而正焉”的一个最大收获。

曾伟：《论语》好多人没看到这一点。从字面上看，子贡马上把“如切如磋，如琢如磨”放上去是对不上“贫而乐道”的。但孔子马上就说“可与言《诗》已矣”，孔子就知道子贡开悟了。这都是明眼人之间的对话呀。

学恒：平时学生也会看很多经典，他记住了但没悟透。所以有时候需要老师的点拨。

曾伟：而且这段话本来前面讲的是“贫而无谄”，后面讲的是“贫而乐道”。“乐”为什么还要“切”和“磋”的痛苦?切磋琢磨按道理来讲跟乐对不上，但是子贡马上接这句话一定是开悟了。

学恒：子贡原本学到的知识是死知识，老师这么一点拨就把他点开了。

虚白：还有一个，子贡跟颜回相比，颜回是个圣者，不需要切磋琢磨的功夫。但子贡太聪明了，聪明反被聪明误，开悟很难，所以要“挫其锐，解其纷，和其光，同其尘”。子贡意识到，要达到这个境界一定要下苦工夫。

学恒：《论语》中后文孔子对子贡有个评价，或者说定位：“女，器也”，就是告诉他你是一个“器”，所以子贡现在能达到这样的境界出乎孔子意料。

虚白：孔子喜欢他是因为他聪明，只有开悟的聪明者才会体会切磋琢磨的过程与艰难。

曾伟：我觉得孔子这个时候说“始可与言《诗》已矣”，其内心是非常欢喜的。

对于老师来讲最高兴的时候就是看到自己很看重的弟子有这么大的进步。

虚白：子贡能意识到自己性格的偏，而且开始把它打磨掉。他能意识到这一点，孔子当然高兴了。

曾伟：其实“贫而无谄，富而无骄”和“贫而乐道，富而好礼”相比，贫而乐道反而是更痛苦的过程，就像“大做梦中佛事”比看透人生还难。我们都以为看透人生了不得，但是看透了以后还能投入进去做事，还能够假戏真做，明知是演戏，还演得很认真，这里面的功夫那才是大功夫，这里面的痛苦才是大痛苦，这里面的修行才是大修行。

他把如切如磋、如琢如磨用在戏如人生、假戏真做（“贫而乐道”）上而不是用在看透人生、人生如戏（“贫而无谄”）上，这就不是一般人了，至少是一个开悟的人。看透人生之后能够达到贫而无谄，这不需要切磋琢磨。而看破以后回到世间去“大做梦中佛事”，这才是最痛苦的事，而这也是最见功夫的事。这里才是“如切如磋，如琢如磨”的道场。

所以孔子借助这句话，说“始可与言《诗》已矣”。处于贫而无谄的时候没法与之谈《诗》，开悟了便可以谈。就是你看透人生以后你还能大做梦中佛事，你还愿意在生活中信心百倍地去做事，这就是“敏于事而慎于言”，还能够修行，这就叫“悟后起修”。看透人生只是悟，“敏于事而慎于言”才是修，真正的“修”是在贫而无谄之后。修成之后就是“贫而乐道”。

请虚白再解这一段的最后一句吧：“告诸往而知来者”。

虚白：这个是很了不起的，老师特别希望我告诉你之后你能反思出更多的东西。

曾伟：也就是举一反三。

虚白：对，而且还有历史线索，往和来。可以预知未来，这是非常难得的。

曾伟：你这句话让我又想到大愿法师讲的“色不异空，空不异色”。“色不异空”是从假入空，照了真如。就是看破了，知道本体是空。但还不够，空不异色才是更高境界，因为那是从空出假，照了因缘。到这一步，你才就能够把所有事情的发展过程看得一清二楚，这就是知未来了。知未来还是在见真如后面。见真如之后要“如切如磋，如琢如磨”，才能够观因缘，知道事情是怎么生、怎么灭的。

虚白：所以“告诸往而知来”说明什么呢？说明做完这个功夫之后才能到预知。或者说有见解是第一步，通过见解能预知未来是第二步。佛家怎么讲？

曾伟：佛家叫“见行果”，和我刚才讲的“基道果”的意思是类似的。看到了世界的本质叫“见”，“色不异空”是你的见地上去了，开悟了。但开悟只是成就的一个前兆，见地起来了是不够的，接下来大做梦中佛事叫“修”或者叫“行”。

“色不异空”是见地起来，“空不异色”是大做梦中佛事，是“修”，是“行”，最后才能得果。果就是一切的缘起，了了分明，因果清清楚楚，这就是“见行果”。这就对应着“告诸往而知来者”的最高境界。

学恒： 实际上“告诸往而知来者”和昨天说的“追远”是一个意思。我们中国人有慎终追远民德归厚的传统，注重历史，注重怀祖。现在社会上有很多人认为中国人做什么事都爱引经据典，这样是不是阻碍我们的创新能力？昨天大愿法师说的“活水源头”给了我启发：为了创新，为了知未来，必须追往，必须得回到经典中去，回到圣人那里去，那里才是创新的最大的源泉。

虚白： 还有就是复兴，不“复”怎么能“兴”？我说一点我的体会，我在二十多岁的时候觉得自己特别有思想，看完一段我就有新的想法。到三十多岁我又觉得我没什么想法，等我四十岁的时候我就很惊恐。知道为什么吗？因为我四十多岁的时候发现，我二十多岁的想法已经全被我们的老祖宗说过了，现在我们很激动地谈的东西不就是老祖宗说过的吗？

如果现在我们认为我们有所创见，那这个创见只是对当代来说有所突破而已，这种突破只是应对不同的环境而已，但老祖宗早就告诉我们的方法却没有变。

孔子特意拿《诗经》来与子贡说修行，《诗经》的价值就是通过文辞修养实现道德教化。子贡对道德审美的领悟没有颜回高，他很重视财富，因此，会从《诗经》对玉的描述中获得开解。

曾伟： 道德审美已经摆脱物欲了。

虚白： 孔子论证事情的时候经常引用《诗》，当时的典籍就是《书》、《诗》和《周易》，孔子五十岁知易，所以他早年的教学工具就是《诗》和《书》。比如说《诗》中男女谈恋爱“窈窕淑女，君子好逑”，这是讲情感的纯洁，讲“无邪”。可见，孔子把《诗》提升到一个更高的道德审美境界。子贡就是因为把《诗》提高到了功夫的修行境界，所以孔子才表扬他，因为子贡从中体会到了道德进阶。现在孔子说“告诸往而知来者”，又使子贡提高一步。

曾伟： 子贡的确是个慧根很深的人。

虚白：还有孔子说“知之者不如好之者，好之者不如乐之者”，刚好又可以作为印证。

曾伟：知之不如好之，好之不如乐之。

虚白：就是学有知之、有好之，但是“乐之”才是“觉”。

学恒：那个“乐”是无欲之乐。

虚白：就是喜乐。“好之”都不行，“未若贫而乐道”这就已经是“乐之”了，处于贫还在喜乐着，这是怎样一种状况？其实大部分的《论语》版本中是没这个“道”字的，就是“贫而乐，富而好礼”，富而好礼还是“好”，贫而乐绝对是大境界。

曾伟：一般人的“贫而乐”是傻乐，孔子的“贫而乐”是离欲之乐。

虚白：对，“贫而乐”是济公，不是那个满街转悠的二傻子。

曾伟：实际上孔子说“赐也！始可与言诗已矣”意思就是，我现在可以跟你谈《诗》了，你达到了无欲的境界。因为子贡本来是个有钱人，现在已经摆脱了对财富的执着。那么为什么孔子紧跟着说“告诸往而知来者”呢？《诗》本身说的是过往的事情，我们谈《诗》就是谈古论今，子贡不仅能够谈古论今还能知未来，这就把时空进行了一个延伸。

孔子这句话也意味着对子贡的另外一种肯定，达到这种境界以后就不仅仅是一个学生了，他也可以做老师了。因此孔子就是肯定子贡可以继承他的事业了。

这里孔子表明我跟你谈《诗》就意味着我们之间的交流是很通畅的，也意味着你对问题的思考是很通达的，“告诸往而知来者”嘛。通达是什么？通达就是“色即是空，空即是色”，色空不异。

辨别心与分别心

虚白：本篇还有最后一章，第十六章。

子曰："不患人之不己知，患不知人也"。

这里就讲出了很多人的毛病：总怕别人不知道自己。以为说得越多越好，其实，很多时候效果恰恰相反。

学恒：我对这句话作为《论语·学而》的结尾还有一点很深的感悟，"不患人之不己知"的意思就是不要怕别人不知道你，只要你的修行到了，即使别人不知道你，你的修行也还存在。像大愿法师，即使你跟他只有一面之交，那种感觉跟另外一个你认识很久的人也可能根本不同，因为大修行人的功夫摆在那呢，还怕别人不知道吗？所以从这个角度讲，修行到了就不要怕别人不知道你，因为你的德行会影响和帮助别人，这个影响力是自然释放出去的；修行不到，掩饰也没有用，释放出去更糟糕。

我觉得这句话作为结尾跟《学而》第一章的话"人不知而不愠"的君子境界又呼应了。这里是两层意思，首先就是孔子说你不用担心别人不了解你，这就回到"人不知"上来了。第二层意思是即使人家真的不知你，你也"不患"、"不愠"。前后呼应得非常好。

曾伟：当你"不患"、"不愠"别人知不知"己"之后，你的心就静下来了，就能把注意力放在了解别人上。了解别人对于跟人的相处是至关重要的。这个理谁都知道，但为什么很多人做不到呢？因为他们把注意力都放在了人们是否了解自己之上。只有真正有修行的人，把"我"修空了，才会不在乎别人对自己的评价，才会去关注别人。所以"不患人之不己知”是要很高的修行功夫做基础的。我想这也是这句话放在《学而篇》最后一句的原因。既是为了呼应开篇，也是告诉我们，只有按《学而篇》讲的孝、悌、忠、信、爱、仁、德、礼等方法去修，修到最后才能真正做到“人不知”而“不患”、“不愠”，也才能开始来了解这个世界、了解他人，开始去“知人”，才能学习后面的篇章。

学恒：我再说一点，实际上我喜欢把理论跟具体工作结合起来。但是以前我没有领悟到这一层意思，做的时候是很无意识地去做。比如我要求我的编辑跟人家谈合作项目时，不要上来就说我们自己的出版条件，深入了解作者其人和他的作品才是你应该做的。这个就是跟实际工作结合的体会。

曾伟：我们可以回到《论语》第一句话“学而时习之，不亦说乎？有朋自远方来，不亦乐乎？”这其实就是说你自己的感觉很好。但这个境界是不够的，真正的境界是“人不知而不愠”。如果能做到人不知而不愠，我们就会不在乎自己的感觉，会看重别人的感觉。生活经常这样，我们自己没有感觉，说不定别人就有感觉，这也许就到了“成”的时候。

学恒：再坚持一会，忍过了痛点往往就迎来了突破点。

曾伟：痛点就是觉点，这是大愿法师讲的话。

学恒：往往难受痛苦是成事的前奏，但是一般人到这个时候就放弃逃避了。

曾伟：其实很多企业的管理人员不是能力不够，而是他做着做着难受了之后就想避开，找一条捷径。但其实他做的每一件事到一定阶段都会难受，所以最后他就都放弃了，干脆就不做。因为反正做是痛苦，那不如不做。其实他不知道痛往往出现在快要成的时候。

其实这就是佛门讲的，凡夫俗子都在欲界里头。什么是欲界？遇见该做的事，痛苦了，过不去，就是欲界。

虚白：就像在一个黑洞里行走，没有任何光明，你越来越恐惧，实际上你坚持下去就见到光明了。

曾伟：请徐教授概括一下《学而篇》的内容吧。

虚白：朱熹称《学而篇》是《论语》的“入道之门，积德之基”。本篇共十六章，条目虽然不多，却涵盖了其余各章的要旨。与其余十九篇相比，本章讲“信”最多。可见，悟道和仁德都需要“信”这个前提，无信不可能修身有成，修身有成的标志就是满满的信。

中国古代文人追求圣贤之德与圣贤气象，从内心到外表，从言辞到行动。优雅而高贵，洁净而通达，精微而宏阔，慈爱而超拔。与圣贤相感通，通达圣人曾经的通达，才是体悟经典的方法。经典存心，孔孟老庄就在眼前，谆谆教诲，不曾一刻弃我们而去。对问道者来说，信是宗教情感的核心，道的自在和破除苦难的真实性，是我们恒信的真理。

改变一个社会，应该激励国民普遍地修慈悲心。为此，《学而篇》从断苦之法开始，君子之悦乐为慈，断苦之不愠为悲，从而让我们从不确定和未开解的世界中解放出来，从求财才名求利的迷途中走出来。

通过孝悌等修行次第的展开，如切如磋如琢如磨等修行历程的展开，《学而篇》讲解了求证仁道的方法，讲解了内省通达的方法。这些部分可以看作孔子开中华道德审美大境界，这一境界让中华民族和谐而创新，安宁而精进；看到人各有别，秉情各偏，因此，孔子从修习圣贤气象的角度，开出中华自然审美大境界，比如鉴别巧言令色的伪君子、知己知人、做威重的君子等内容。

《易经》系辞最后一句讲怎么辨人，特别是通过语言辨人。就是说，不同的语言形式能表达一个人的状态，通过语言形式和声音状态去识人。《道德经》讲“知人者智”，最后一句话也是讲识人。“学而时习之”，学什么？其中就要学辨人。第三章“巧言令色，鲜矣仁”仍然是辨人。整部《论语》，孔子始终把识别人作为一个主题教给他的弟子们。因为人与人之间打交道有两个层面，第一个层面是你至少要从表面上了解对手，第二个层面是在与人的交往中，你要认识这个人的天赋秉性。

孔子始终认为人是有偏性的，这就要求（为师者、为上者）必须有识别人的能力，有因材施教的能力，有和合众人的能力，有量才而用的能力。

佛家认为不应该有分别心，但是从来不讲要没有辨别心。所以孔子说仁者爱人，是没有分别心的；但是自然的人秉性不同，对这个是要有辨别力的。所以，无论孔子跟老子怎么开解，最后都是要对人有一个彻底的认知。

学恒：孔子对人性的这种观察是入木三分的。

虚白：这也极具管理学意义。

曾伟：关于辨人，我有两点补充。第一，这个“人”不仅指别人，也包括自己，实际上辨人是指对他人和自己的一种认知。如果讲得更透彻一点，其实就是观心。佛门讲“观心为要”，《心经》第一个字就是“观”。

刚才虚白讲的佛门没有分别心，不提倡分别心，不意味这个世界没有分别。分别和分别心是两码事，分别是客观存在，分别心是对这种存在的执着。所以佛门说不要有分别心的意思是：客观上有分别，但你不要执着于这种分别。这就类似《圣经》的第一个故事，亚当夏娃没吃禁果之前，面对赤身裸体的分别没有分别心，吃了禁果之后，分别依然存在，但是分别心起来了，罪也来了。

因此《圣经》讲原罪就在于你的分别心，这跟佛经是一个道理。佛祖讲：“奇哉！奇哉！大地众生皆具如来智慧德相，但因妄相执着不能证得。”佛门不是说没有分别，但你只需对这种分别保持一种觉知就可以了，这叫“辨别”，辨别就是了了分明。佛门经常讲你只要保持“知道”，不要在“知道”上再加点东西，在“知道”上再加一点自己的想法、念头、欲望，那就是分别心了。

学恒：谢谢虚白的提炼。这么讲《论语》，《论语》就不是常人脑子中的那个《论语》了。

为政篇

《为政》篇共有24章，其中13章记载的是孔子的自语，11章是孔子回答学生或为政者的提问。

这一篇孔子高度概括了自己一生：从“十有五而志于学”一直到“七十而从心所欲、不逾矩”；论述了“为政”“为学”“为君子”；并因材施教，集中回答了鲁国的执政者孟懿子、孟武子，以及两位学生子游、子夏的问孝；集中回答了鲁哀公、季康子，以及学生子张的问政。

本篇孔子为我们开启了“孝”的境界、“君子”的境界，并第一次隆重推出孔门最好学的弟子颜回，帮助我们开启了“好学”的境界。

北辰之德

虚白：现在我们讲《为政篇》第一章：

子曰："为政以德，譬如北辰，居其所而众星共之。"

中国人治理国家是按北斗星围绕北极星的原理来的：无论春夏秋冬，北极星的位置永远不动，动的是北斗七星以及周边的星体，这样就构成了中国政治理念的图景。汉朝宫殿就是按照这个原理来构建格局的，这也反映出中国人的建筑格局与其政治理念的一体性。古人讲"道"讲"德"，都不是抽象地讲，都有具体东西来展示，就如"天垂象"对应着"地成形"一样。

中国人的为政理念要求国家意志、治国方案要像北辰一样安居在那里不动，不能朝秦暮楚、朝令夕改。而"德"对于治国就要如同北辰一样：第一是指路的；第二作为治国的核心；第三要不动，不随季节的变化而变化。

如果北辰是德，那么众星就是包括用刑、用兵以及兴修水利等在内的各种治国方法，这就是各政府部门的作用。同时它还构建了一个以德为中心发散开来的治国体系，就像一个大扇面——德在那里作为中心，而众星（各种治国方法和机构）随着不同情况的变化而变化。这就是德与法的关系。

学恒：为政者首先自己要定位。用什么来定位？用德。就是德为本，法为末。

虚白：其实这就像"月映百川"一样——月亮只有一个，但映在各处的水里却有无数个。无论是在哪个方位的河流、湖水或井水之中，都要坚持德的原则。而"众星共（拱）之"则是众星可以动，但是要围绕着德的标准来动。比如说北斗七星虽然在夏天的时候勺把是向南的、春天是向东的、冬天是向北的、秋天是向西的，但是它们依然围绕着北辰转。

北斗围绕北辰只是一种偶然的自然现象，而中国人把这种自然现象的偶然当作了一种当然的信仰。

同时，这句话还含着“时”的概念，就是我变动的规则要“与时相格”、与时对应。“与时俱进”也是表达同样的意思，这个“时”不是投机的时，它是符合规律的时。

孔子用这么一种天体现象把这种自然顺序、时空观、治国的理念和变革的原则都给隐喻出来了，这句话是孔子的治国大纲。

这句话放在《为政》的开头，体现了学生们对孔子为政观念的理解。这句话跟《学而篇》相比，难在对“天人合一”理念的理解上，因为我们对古人的“象思维”不太了解。

学恒：这就解释了为政篇的开篇为什么要以北辰作比喻。

虚白：现在许多解《论语》的大家不懂象思维，这就妨碍了对这句话的理解，一旦你懂得象思维，这句话立马就通了。如果我们这种解法令专家们为之疑惑，我们还可以把北斗星四季的旋转星图附在这里，那样读起来就更直观了。

北斗北四时斗时柄指向图

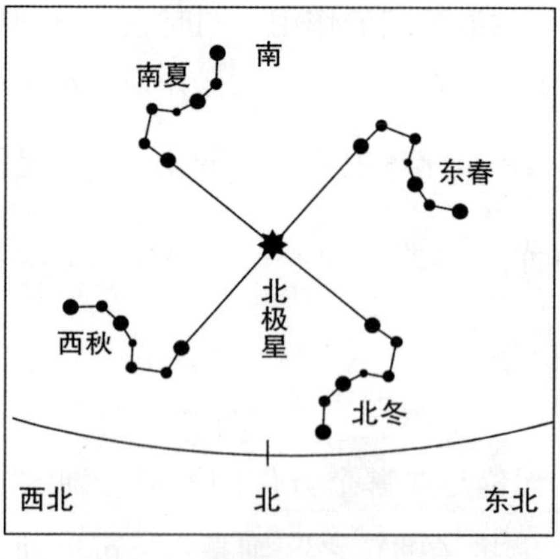

目前北斗七星在四季黄昏时的方位

《周易》中讲“天垂象，地成形”，老子也讲“人法地，地法天，天法道”，这个顺序是不能动的。人不能直接法天，不能直接法道；人是法地的，地才能法天，天才能法道。人要直接法道，就会变成无法无天了。人只能观天、悟道，而不能胆大妄为地替天行道，更不能“战天斗地，其乐无穷”。

孔子是把为政的这个体系完全通融了才用的这个比喻。他告诉我们，“为政以德，譬如北辰”，而且要“居其所”，虽然没用“安”字，实际上就是“安居其所”——没有一点造作，全是无为而无不为。你看北极星在那安安静静的，别人都在动，只有它不动，它是静的。正所谓“一阴一阳谓之道”，它就是那个至极的阴静，是不动的，但又是最高行动原则的象征。

学恒：用北辰作比喻来暗指不动，用方位的正来形象地说明为政者的正。我的理解是“政者正也”来解，就是要像北辰那样“正”才算正。

作为领导者，首先要把自己的位置摆正了，别人的位置才能定，就是要先正己才能正人，自己正了，别人就正了；自己歪了，别人就没有参照了。北辰相当于一个参照物，领导也是下属的参照物，所以领导必须正，这就是“德政”。之所以选北辰做参照物，就因为它是正的，是固定不动的。

虽然古代可能没有“政”字，但如果把“政”理解为“正”就会对《为政篇》有更好的理解，即“政者，正也”。

虚白：“政”是指治国，而“正”字的上面是一横，代表“一”，有平衡的意思。底下那个“止”是足的象形，走步的意思，实际上就是行、做，所以“正”的意思是你所做的每一件事情都应该平衡，都应该守一。

至于“北辰”，中国人的治国理念是以北为上的，如坐北朝南就是尊位。而“辰”既代表星辰又代表时间点，代表黎明——从黑暗到光明的转折。中国人造字时的用意是非常深远的，看似没联系，其实各种含义都包涵在里面。譬如北辰，既有北的含义又有辰的含义。

曾伟：有时空的概念在里面。

虚白：对，以德政治国就会给人以黎明之时的感受，是清清朗朗且富有朝气的。因为德就是破除黑暗之光。

曾伟：我谈点我的看法：我觉得理解《为政篇》还是首先应该接着前面第一篇《学而篇》来。其实，我们已经把《学而篇》解成了修行篇了，那么修行圆满了一个人该做什么呢？该怎样去为社会大众服务呢？这就是为政的问题了。所以从学修到为政是一脉相承的。

《为政篇》第一句话，孔子就说：为政以德，譬如北辰，居其所，而众星拱之。其实这句话是表示一个修行圆满的人怎么样去统领大众。一个修行圆满的人，应该是达到了无我境界的人，这种人的内心是如如不动的，因为任何功名利禄对他都是没有吸引力的，这样的人当然譬如北辰了，德就是无我，是舍"我"达"吾"之人，是有天地恒心的见性之人。达到这种境界的人，众星自然会围绕着它。

所以我觉得这里首先是指达到这个境界的人才能在这个位置上坐，而在这个位置上坐的人，应该是达到这种境界的人，否则无法"安居"。"譬如北辰，安居其所"实际上是形容他达到这个境界以后的状况，譬如北辰是"相"，安居其所是"性"，众星拱之是"用"。

虚白：没有"安"字在这里，我给安上的。

曾伟：我认为您这个"安"字用得非常好，安得非常好。因为只是居，有各种各样的居，我很烦躁地呆在这里，叫居；我住在这里也叫居。那怎么可能众星拱之呢？他能够众星拱之，一定是因为"安"，因为"如如不动"。

虚白：是不动的。

曾伟：因为它达到无我境界了，跟生命的永恒合二为一，跟本来面目合二为一，回归本来面目了，这个时候的为政，才是一种境界，才会导致众星拱之。

虚白：舍"我"还"自"，持"予"达"吾"。就是达到无我境界的儒道共同的方法。

一个人是从自然的我（自），走到一个自私的我（我），再走到一个利他的我（予），再走到一个悟道的我（吾），最后得大自在（自）。

自——→我——→予——→吾——→自

第一个“自”与最后一个“自”是不同的，一个是自然的生物，一个是自在的灵性。“舍我还自”是回归灵性生命的意思，“持予达吾”是指不断地利他才能悟道。通俗地说：“我”死了，“人”就活了。这样的“活”是永恒的“活”。

曾伟：庄子说过：“吾丧我”。

虚白：对。就是把物欲的“我”、固执的“我”给修掉、去掉才能达到吾的境界，才算一个真正的“人”，没“白活”的人。

曾伟：这才是“无我”真实的意思，所以“无我”除了“失”，更有“得”的意思。这个“德”还可以理解成“得到”的得吧。

虚白：德者，得也，这是《礼记·乐记》中对德的解释。

曾伟：舍弃了“我”的那个“吾”，得了个什么呢？就是得了一个如如不动的境界，得了一个安居其所的相，得了一个众星拱之的用。这实际上是告诉你，为政者的修行怎么样，你的境界（譬如北辰）就会怎样，而怎样的境界就会有怎样的状况（安居其所），也就会有怎样的结果（众星拱之）。我觉得应该是这样顺过来会比较好。

虚白：这个没有问题。在《学而篇》中，孝道、谨信等都完成了，实际上就是人有了这个仁德，有了圣德位，但没有圣君位。现在呢，“为政以德，譬如北辰”，就是大家可以观仰你了，观仰就是“飞龙在天”，就是你有君位了，是九五之尊了，当然众星拱之。有圣德有圣君，就可以实现“斯为美”的“先王之道”了。

曾伟：《学而篇》讲德位，讲君子相，《为政篇》就讲君位，讲君王相了。

虚白：次第就更清楚了。这样讲，《论语》的开合度就更大了。

“思无邪”

虚白：第二章。

子曰：“《诗》三百，一言以蔽之，曰：‘思无邪’。”

这里的“思”不是思想、思维的意思，而是一个感叹词。“无邪”就是正。

这句话仍然在讲为政。就是说作为政治家要以纯正、无邪作为他的治国理念。如果放在《周易》里，还可以把“纯”解释为醇香的“醇”。这两个字（纯和醇）是同音的，我们据此可以理解为：纯正的政治久了以后就变得深厚有积淀了。

“《诗》三百”为何要提“三百”？就是要强调《诗》对人心教化的累积作用，它的教化之功在于累积、在于醇久之后的无邪。

曾伟：就像企业的文化是靠积淀出来的一样。

学恒：我觉得虚白教授将从“纯”到“醇”的转化讲得很好。一方面《诗》是无邪的，是正的，这样就能跟为政联系起来；另一方面，就是讲“纯”，讲教化。在孔子看来所有六经都是要读、要修行的，但现代人往往会把《诗》这一块给忽略掉。

虚白：这是现代人的粗疏。中国古代文人作诗填词都是以《诗》作为源头的。在古代，政治家和艺术家是合二为一的，做一个政治家首先要有艺术家的情怀。在中国的政治传统里，是要以诗、以乐来“和”政治的。

中国人的艺术情怀不像西方人那样跟宗教的形式联系得那么紧密，而是跟宗教式的情怀连在一起的，如“仁者爱人”、“己欲立而立人”。还有就是与个人的政治修为有关。只有政治修为配合上宗教式的情怀所表达出来的东西才是中国人的艺术情怀。

学恒：古人做官为什么要会写诗？因为中国人讲“诗言志”，如果你不会写诗，那么你的“志”是很难表达出来的。

孔子讲“不学《诗》何以言”就是说即便一个人的学问很好，如果他不能用诗的语言跟别人交流，那么孔子也觉得这个人不懂得说话。

德、礼为政

学恒：第三章。

子曰：“道之以政，齐之以刑，民免而无耻；道之以德，齐之以礼，有耻且格。”

虚白：这第三段讲的是孔子的为政理念和治国的目标。孔子的治国目标就是“齐”，齐就是整齐划一，也叫切（平声）。

学恒：一刀切的“切”。

虚白：切就是齐一，一就是齐，而齐也是切，就是说通过切使万物齐于一，“一”才是真正的重点。

中国人的治国理念跟西方人强调的自由民主不一样，中国人讲求天下归一，要求“齐一”。不齐就要“一刀切”，用什么切？孔子给出了两种办法：第一种是“道之以政，齐之以刑”；第二种是“道之以德，齐之以礼”。

用政令和刑法固然能够整齐划一，因为老百姓畏惧，但其后果却是“民免而无耻”——虽然不犯法，却没有廉耻心。这叫没有宗教情感，没有宗教情感的世界不能称之为文明世界，那是很可怕的世界。

而孔子希望通过“道之以德，齐之以礼”建立起一个人们既能按照规则去行事，又有宗教情感提升个人和社会品格的世界，因为宗教情感是跟羞耻心连在一起的。

这个“德”不是通常意义上的道德，而是为政以德的德，代表着至高理想，是永远不动的、最抽象、最核心的理念。这个“德”之于国家是和谐和发展，之于百姓是秩序和廉耻心，是对自己的道德关怀。

而这个“礼”也不是曾经被批判的尊卑观念，而是要求人们都在自己应该的位置上顺位、应位。如果人们都顺位、应位地做人，这个国家将是非常和谐而有秩序的。

这个“序”字，底下是个“予”，给予的予，上面是个“广”，广大的广。“序”的意思就是大家都有利他的精神。这种利他的精神从哪来呢？来自为政者。“序”上面的“广”也代表官府，代表建筑中的大墙。所以，要有序，就要为政者引领大家共同铸造利他的文化，而这个前提恰恰在于“道之以德”。为政者只有自己具备“无我利他”的德行，才能让社会有利他文化，让大家井然有序。

“格”就是要老百姓格正自己的心态和行为，其目的仍然是要老百姓纯正。“道之以德”的“道”又通“导”，作引领、导向解。即政府通过德政导之、用礼齐之，老百姓就有了纯正的标准了。

学恒：这里是一个本与末的关系，德、礼为本，政、刑为末。虽然这么说不一定很精确，但我还是想用法治和德治来进行对比。如果完全以“法”来治国的话，其结果就是老百姓表面上看起来很遵纪守法，但他是没有这种羞耻感的，一旦条件成熟，人性中恶的一面就会表现出来。问题就在于我们没有“道之以德，齐之以礼”。如果能做到“道之以德，齐之以礼”，那么老百姓就能“有耻且格”。老百姓如果能够有德然后有礼，就能有耻、且格，这是一个递进的关系。这个“格”就是“格物”的“格”。

虚白：要先有羞耻感才能去格，只有这样才是真正的宗教情怀。否则就如一个苛法严刑的国家却天天打出德治的口号，这反而会导致一个到处都是伪君子的社会出现，那样就太可怕了。

学恒：就是说的跟做的不一样。君子耻其言而过其行。

虚白：对，当政者不能只想得到老百姓“有耻且格”的结果，而仅仅去宣传这个口号，更要真正地去“道之以德，齐之以礼”。要做到这点就必须以“文”化人，这个过程就是“礼”，礼就是以“文”化人，就是文化。而“德”则是一个更高的理念，只是我们把它给庸俗化、通俗化、具象化了。就如全国人民学雷锋，那全国人民会不会都成为雷锋呢？答案是否定的，因为雷锋也是太阳照耀的结果。如果仅是学雷锋事迹，而不能把握雷锋精神，是看不到那个太阳的。没有太阳照耀，人们连雷锋都看不到了。太阳的照耀就是化育道德的“文”，也是雷锋精神的源泉。只有内心点亮光明，才能做磊落之事。

学恒：雷锋本身只是月亮？月亮能反射太阳的光与热。说明雷锋也是中华文化的传承者，并有所阐发。

虚白：对，真正的太阳是德和礼。所以只宣传雷锋，大家都成不了雷锋，只有宣传德和礼，大家才可能成为雷锋。孔子之所以是圣人，就在于他告诉你，造就一个让大家都成为雷锋的社会该怎么做。

所以德和礼在《论语》里的地位非常之高，不过，在孔子眼里仍然是“道生一，一生二，二生三”里的那个“三”，还只是有形无物的东西，还没有上升到更抽象的世界。

我们从“有耻且格”往前推到了德和礼上，我们还可以进一步推，就是“仁”，我们可以用“仁”去统摄德和礼，就是“仁德”和“仁礼”。所以“仁”是孔子宗教情怀的核心。

曾伟：因为我是做管理研究的，对这第三段感受相当深。可以说孔子在此提出了一种历经两千年而不衰的管理模式。下面我结合管理自己公司的实际，谈一谈体会。

“道之以政”，“政”是指政令，这句话是指以命令的方式来做管理：你去干这个，你去干那个。总之，我希望你做的事，我会命令你去做。我不希望你做的事，我就以惩戒的方式阻止你，“齐之以刑”就是这意思了。“民免而无耻”，这样一来，你的下属或者说老百姓他是会听的，因为他也怕惩戒，他会按你的要求去做，“民免”就是他会逃避你的处罚。而“无耻”就是对于结果的好坏无所谓：只要你的制度逮不着他，只要跟你的命令不相冲突，他就无所谓了。我们把“无耻”解释成“无所谓”跟现在的状态更吻合，这种现象在目前的企业比比皆是。

虚白：没有羞愧心。

曾伟：他会钻你制度的空子，然后在空隙当中游刃有余。事情做得不好，只要你制度怪不了他，只要与你的命令不冲突，他就没有羞愧之心。

这是很多企业的现状。孔子2000多年前就看透了这么一种状态：如果你靠下命令去指挥他，如果你靠处罚去阻止他，那么这些处罚和命令之间一定有很多的空隙，而这些空隙是要靠人的主动性、积极性去弥补的。当一个人没有主动性和积极性的时候，这些空隙就无人填补，它们的存在会导致事情有很不好的结果，然而做这些事的人却在这些空隙当中待得很好，待得很舒服，并且不需要承担任何责任。

孔子针对这种状况提出了第二种管理方式是：“道之以德，齐之以礼，有耻且格”。其实这个德，是指领导者已经修到的一种无我的境界，他从“我”已经到了“予”了，所以这个德的深刻含义应该是利他，他达到了无我的境界以后，他就开始有利他之心了。

这时他命令别人也好，引导别人也好，都是抱着利他之心去做的。抱着帮人之心去做，下属抗拒的心理就会淡下来。

“道之以德”，并不是管理者对下属没有要求。在这里，管理者还是会对下属有要求的，只不过这种要求不是从管理者的自我出发，它也往往不是强制性的要求，而是以利他之心去引导下属，以帮下属之心去要求下属。正如父母经常对孩子讲的话：为你好！

我以前管公司的时候，也是习惯于以下命令的方式去要求员工。而我现在则主要是从对员工自身是否有利的角度来引导员工。比如，我会对那些在工作上有些懒散的咨询师说："你在企业认认真真是一天，懒懒散散也是一天，但你认认真真地干一天，你能看到自己的工作成绩，内心是有成就感的，遇到问题你解决了它，是会从中学到东西、得到提升的，身价也会大幅提高呀。相反，你懒懒散散呆在企业，日子其实并不好过，只盼着下班的人会觉得日子过得很慢，很难熬的。而且长此以往，你的能力和口碑都不会起来，你会有前途吗？你不如利用我给你的平台好好锻炼自己，提升自己，你认为呢？"这样说往往易于被下属接受。而以往单纯批评的做法，他会经常误认为你是为了让他替你好好干而不愿接受。所以，找到一件事对双方的好处，然后以帮人之心让对方明白，管理会好做很多。

虚白：是这样的。

曾伟："齐之以礼"，这个"礼"实际上是指天理，它是指人心内在的良知，王阳明说天理即良知嘛。"齐之以礼"的管理模式就是让大家凭良心来判断这件事情你该不该做。这不是靠外在的处罚，而是把你的良知唤起来，把内在的觉悟唤起来，做到有耻且格。

这样的一种方式，从管理者的角度来讲：下属该做的事，我是从无我利他的角度来帮他，来要求他的；下属不该做的事，我靠唤醒他的良知，使他自觉地不去做。这样的管理和前面那种管理根本就是两码事，其结果是被管理者的羞耻感起来，主动地改变自己，主动地完成任务，业绩自然有保障。

你以利他之心来帮员工、管员工，即便你批评他，也让他感觉到为他好，他的良知能不起来吗？做错事能不羞愧吗？如果不相信这一点，不光是管理做不好，连做人都没法做了。

学恒：现在主流的管理方式都是把规章制度贴在墙上，通过建章立制去管理、规范员工。但这种管理只能叫作底线管理，就是告诉员工什么事情不能做、哪些底线是不能被突破的。这样一来员工只需不触犯底线就可以了，员工的眼光是盯着底线的，是向下看的。而“道之以德、齐之以礼”则是引导大家向上看，相比之下，这就是另一种境界了。

曾伟：底线管理是没有办法把人的创造力发挥出来的，因为只要不犯错就可以了，干嘛要创造呢？而企业为了效益和利润只好提升管理底线——即严格制度、加重处罚。

学恒：实际上底线是降低了。

曾伟：应该理解为堕落，既是管理的堕落，也是人性的堕落。

学恒：不断向下的人性与管理底线就会形成恶性循环，只能在更低的水平上达成新的平衡。

曾伟：这种管理方式只能获得暂时的成功。依靠一个强力的管理者只能称之为“强人管理”，或者是“霸道”，是不可能长久的。而“道之以德、齐之以礼”则是王道，是有圣贤在引领你。

学恒：很多企业领导者都只是让员工见物不见人，只会在入职后一人发一本《入职指导》，只是要求员工遵循规章制度。

曾伟：这是一些外资企业的搞法，但我们的一些企业领导者也以为就可以这样照着来做，一点都不考虑我们自身的传统。

学恒：企业的领导者首先要向着把自己打造成圣贤的目标去努力，自己先要成为一面旗帜，才能把员工带好，才能把整个公司做好。这就是君子务本。

曾伟：确实如此，以前西方式管理是见物不见人，而我们中国的管理恰恰是欲见物先见人——先要有个标杆。

我们公司没有所谓的奖罚制度，但是有榜样，有案例。新员工一来看老员工怎么做，自己就自然这样去做了：老员工下现场，他自然就下现场；老员工敬业，他自然就敬业，不会做的跟着老员工就学会了，完全是靠人在引导。还不会做的，也有我们很多以往成功的案例供参考，或者回到公司一百多位咨询师一起讨论解决。这样做的好处就是使新员工自身获得很大的提升，这首先就体现在价值的提升上——往往两三年收入就会有几倍的提升。

学恒：如果按照侧重点来讲，“道之以政，齐之以刑”是把侧重点放在别人身上，“道之以德，齐之以礼”是把侧重点放在自己身上，前者是想着怎么去管别人，后者是想着如何做好自己以引领大家。这两者的境界是完全不同的。

曾伟：“道之以德，齐之以礼。”管理者把注意力放在自己身上：我怎么给员工带来利益，怎么提升员工的能力，怎么唤起员工的良知，就是如何“致良知”。

学恒：这是孔子之道的核心之一。

虚白：前者说不好听点就是弄权，而后者则是化人。

曾伟：“化人”就是引导人们完成作为人的使命。就像稻盛和夫先生讲的：做人何为正确？要完成你一生应该有的循环进化的过程。

虚白：人们在工作中有升浮感才会快乐。而在一个弄权的企业里没有人是快乐的，因为管理者把人给控制死了。

学恒：对，但可能有的管理者还很得意，认为自己玩弄员工于股掌之中。而员工虽然不开心，却又不敢说什么，只想尽量不担责任，最后整个企业都散掉了。

虚白：对，是这样的。刚才讲礼——“礼者，理也”。

曾伟：两者是通的。

虚白：对，后来礼又外化成一种形式，分为《周礼》、《仪礼》，等等，化成一种成文法和不成文法的社会秩序。所谓的成文法不是刑法，而是礼章的规定，按照社会习俗确定的长幼尊卑之间的关系。

学恒：也可以叫秩序。

虚白：对，所以“格”就是回归秩序，而“免而无耻”就是“不格”。

学恒：也就是逃避，只要不触及底线，从而免于处罚就算成功。至于你企业怎么样，他认为与自己无关。

虚白：没有羞耻心地在做。

曾伟：我们有时候去企业做变革，我们一调研完了之后，很多企业方的人说：“真是惭愧呀，原来我们以为准时交货率能达到 80% 以上，没想到只有 30%，丢人！”这就是他们的羞耻心起来了。有了羞耻心他们自然就想改想“格”了，自然就能产生效果了。所以我认为“无耻”是管理的最糟情况，“有耻”是管理改善的前提。

虚白：西方一直提倡“六个西格玛管理”，即便是国际大企业也不能做到彻底实现。就是因为管理者做不到自觉、觉他，那么在工作中出现疏忽就是不可避免的了。

曾伟：对，并不是管理者有意为之。

虚白：对，是的。这是一般人永远达不到的最优的状况，但是孔子做到了，他的管理模式就是“道之以德，齐之以礼”。

曾伟：稻盛和夫在实践中验证了这种管理模式的正确性。如果把孔子放到现代，是可以称之为“现代管理学之父”的。

针对刚才虚白教授谈到的“礼”的演变形式问题，我再发表一点个人看法：虚白教授刚才在这里其实又谈到了“礼”的另一重本质：“关系”。的确，“礼”可以是明文的规定，也可以是不成文的习俗，但它与“刑”的最大区别应该是：“刑”是管理者意志的体现，而“礼”是客观存在的不能违反的社会关系的真实反映，比如父子、夫妻、兄弟等。在这些最基本的社会关系中，人们相处的方式和基本的角色定位以及行为方式都会受到我们天性的制约，不是我们想怎样就怎样的，甚至我们都不会乱想，自然而然地就会照着一套大致相同的程序去做。违反这套程序，我们视其为大逆不道。推而广之，很多的社会关系也是如此。而它的效果就是社会的和谐发展。

也就是说，“礼”是人类自身觉悟到的能让自身健康发展的一套人际关系的模式。走这种模式，社会是健康的；背离这种模式，社会是病态的。“礼”是有效的人际关系的模式。有效就是“得”，也就是“德”。所以“礼”和“德”互为因果。

这样的“礼”对我们企业管理的意义就更大了。很多企业的规章制度不少，但却是“法”，甚至是“刑”。因为它是反映管理者的主观意志，并不反映企业运作中各种事情、各个动作与最终业绩之间的必然联系。遵守了这些规章制度，业绩能提升吗？业绩不能提升，企业能健康发展吗？很多规章制度完善的企业其管理很差、业绩很差就是这个原因。让规章制度成为“礼”而不是“刑”是管理的关键点。

孔子得道图

虚白：第四章。

> 子曰：“吾十有五而志于学，三十而立，四十而不惑，五十而知天命，六十而耳顺，七十而从心所欲，不逾矩。”

孔子活了七十岁，“吾十有五而志于学”这一章应是他临终前给自己写的总结，他从十五岁开始，每十年都是一个人生的进步。这也成为后人修行的标杆。“志”这个字的发音是“之”，“之心”就是奔向某个地方的心。甲骨文的志不是“士”加“心”，而是“之”加“心”。

学恒：“之”字是由“足”字演化过来的。

（“之”的甲骨文）

虚白：甲骨文“之”的上部很像一个小树杈，又像一个足迈步走，实际上它代表前进的方向，如同指路牌。在孔子所处的时代，汉字的使用是很考究的，因此“志”表示有一个前进的目标。

曾伟：“志”也就是心所向往，孔子十五岁就有了一个宏大的目标，发愿这一生一定要觉悟。

虚白：这个志于学，就是志于“闻道”的意思。孔子自己说过：朝闻道，夕死可矣。（这个“闻”是耳顺通达，不是“听说”的意思。）

学恒：不是说他十五岁才开始学。

虚白：从学的角度来说，孔子是早学了，他很小的时候就在孔家院子里跟其他孩子玩一种叫“俎豆”的礼仪游戏，这里的“志于学”其实是指“学道”。

我们前面讲过“学”与“觉”的关系：未见之前叫“学”，“学”字下面是个“子”嘛；见了之后叫“觉”，“觉”字下面是个“见”。见什么呢？见道。

把“志于学”解成学道，那么“三十而立”就是立身于道，有资格教育下一代了。现在说三十岁可以养活自己是对这句话最大的误解。因为孔子出身贵族，虽然没落，却仍然有国家俸禄。例如他大儿子出生的那天，恰逢鲁君送一鲤鱼，鲁君并不知道孔子的儿子出世，这条鲤鱼其实是变相的俸禄。

学恒：因此孔子的儿子名叫孔鲤，字伯鱼。孔子二十岁生了孔鲤，生计问题已经解决了。鲁昭公为什么会送鲤鱼给孔子呢？因为那时孔子在鲁国替鲁昭公管理仓库，深得鲁昭公的赏识。

曾伟：再看孔子"四十而不惑"，惑就是佛家讲的"无明"。

虚白：孔子自己解释过什么叫"惑"，"惑"就是对于同一个人，你喜欢他的时候希望他生，不喜欢他的时候希望他死，也就是个人情绪左右自己的判断。孔子到四十岁的时候做到了不被自己的情绪左右，因此在孔子看来，颜回"不迁怒"是极其可贵的品质。"迁怒"就是你的个人情感开始发泄，影响主观判断、行为。孔子"不惑"也就是他在看问题或与人交往的时候，已经不受情绪左右了。

曾伟：放在佛门中就是断我执。

虚白："不惑"代表了孔子四十岁时的境界：善恶喜好这些已经泯灭掉了。而他五十"知天命"则更了不起。孔子五十岁以后完成了一部巨著《易传》，这是孔子贯天地的体会，我们读《系辞》的时候就能知道孔子是一个贯天地的人。

孔子五十左右通《易》，与知天命差不多同时。天命，实际上就是孔子知其不可为而为之的一种使命感，因此他周游列国是在五十岁之后。

曾伟：天命就是使命。

虚白：是的。汉魏时期的王弼说孔子"圣人体无"，对孔子评价非常高，就是因为孔子知天命，通达了无形无象的境界。他又评价老子"老子是有者，故恒言其不足"，对老子评价低于孔子。如果我们据此认为老子没有通达，当然不对。《道德经》第一句"道可道，非常道"就已经通了。

曾伟："体无"而"言有"非常精辟，早在汉末就有王弼这样评价孔子了，但是后世把这样的解释湮灭了，我们应该还孔子本来面目：孔子是在"体无"这个境界上的，是一个达到"无我"境界的人。也就是佛门讲的"见性"

之人。

虚白：孔子五十岁就通达了，但他仍不满意通达这个状态，所以他“六十而耳顺”，耳根圆通，耳为闻，顺为达，在孔子这里称为闻达，观音则称为耳通。人的五官当中，耳根子是最软的，有的时候人听到一句话，立刻就心智飘移了，哪怕他修行再高。所以“耳顺”就是耳朵坚定不移，因此天道修到耳了，就已经是五官的极致了（所以，孔子说“朝闻道，夕死可矣”）。

我们习惯顺着说“眼耳鼻舌身意”，但实际上不是这样的顺序。耳朵在五官中站得最高，眼睛只能看到前方180度，但是耳朵可以穿墙而过，耳听八方。俗话不是说隔墙有耳吗？所以耳的修行很难。

古人在造“听（聽）”这个字的时候，“耳”的下部就是一个人站在土里的象形，右边是“德”字的右半边。再看“耳”的下面的“壬”跟“圣（聖）”的下部是一样的，因此，“听（聽）”这个字就是一只耳朵，加上圣字底、德字边。“德”的右半边是“直心”，人的直心经演化就是“德”，“德”的左边代表行走，人秉直心而行走是为“德”。这里，分明告诉我们，孔子修成圣人的方法、气象和途径。

学恒：因此“耳顺”就是耳也有德，以前说“口德”，没有“耳德”，这里我们可以把“耳德”这个词提出来。

曾伟：“听（聽）”中本身就含有“德”。“圣（聖）”字底（壬），德字边，说明能耳顺的人都非常有德行，超凡入圣了。

虚白：大地为顺，地德为行，耳顺就是地德。所以人可以知天象，晓天命，但是真正能俯瞰大地、实践地德这个使命实在太难了。

曾伟：知天命以后还要实践，才能把身体转过来，实现“耳顺”，就修成了。

学恒：知天命是“知”，耳顺（德）是行。这表示一个人的价值观已经形成，基本判断也已经有了，所以在行动的过程中，不管什么样的杂音，到他的耳朵里都是一样的，一切突发事件都不会对他造成冲击。

曾伟：心能转境了。

学恒：我们常常听说或者看到这样一些现象：有些当权者，越往上走，越不相信自己的眼睛，只相信自己的耳朵，相信亲近的人所反馈的信息。亲信汇报的就是真理，自己看到的不是真理，相反的意见更不是真理。所以，不被耳朵听到的东西所左右很难呀。

虚白：孔子六十岁才修到耳顺，即闻达。很多年轻人说自己闻过则喜，其实闻过则“喜”也是不对的。

曾伟：因为喜悲都是取舍，都是执着心，既不能喜，也不能悲。“顺”就是“通”，而“通”是没有好坏的。

虚白：“大过”和“耳顺”是可以互通的，孔子说“加我数年，无大过矣”，“五十学易”再加以数年，刚好六十，“耳顺”时刚好“无大过”，“大过”并不是指大错误，孔子十七八岁就没有大过错了。《周易》中的“大过”指的是非常手段。

那什么是“非常手段”呢？周游列国就是非常手段。孔子的意思是，耳顺之后，就不需要到处去游说了，靠著书立说、传播思想，天下便知“仁”知“德”。天下归仁不是靠周游列国，周游列国便是“大过”。孔子如果没有“六十而耳顺”，他就不会有这种“无大过”的体悟，正是《周易》的“大过卦”的寓意使孔子豁然开朗。

学恒：孔子讲“耳顺”，我们讲“偏听则暗，兼听则明”。我们把注意力放在外面，而“耳顺”注重的是内心，这就是圣人境界和凡人境界的区别。“耳顺”不是说我们要“兼听”，广泛地收集意见，因为再广泛地收集意见也是偏听，到了圣人境界，收集意见的阶段已经过去了。

曾伟：圣人的心是全息的，没有偏和兼之分。《金刚经》说，佛陀对众生的心悉知悉见，意思是全知。怎么做到的呢？佛陀的心是全息的，任何信息都会被捕捉到，都在他的觉知范围之内。因为所有的一切都在“心”当中。凡所有相，皆生于心。

虚白：“耳顺”的判断力是很高的，例如子羔逃难出城墙，正赶上子路进城。子羔回来跟孔子叙述情况，孔子就知道子路将死，根本不用听后续消息。这就是判断力，一种闻达。过去认为思才能达，其实思是永远达不了的，思本身代表疑惑和障碍，而“耳顺”已经把它超越了，“思”还停留在解惑的阶段。前面说“耳顺”就是闻达，观音则耳通。观音通，才观自在，先有观音之称，后有观自在之实。

曾伟：“观”不仅仅是眼睛，因为人到了一定境界之后，他的“眼耳鼻舌身”五根是可以交替使用的，耳朵也是可以“观”东西的。观音是修行的一个手段、法门。最后，得自在是果。结果就是观自在。所以，观音菩萨也叫观自在菩萨。

虚白：那么对于孔子来说，“果”在哪呢？“果”就是“七十而从心所欲”，从心所欲就是人生真正的自在。知天命，贯天；耳顺，贯地；从心所欲，贯天地，在天地间自由自在。从心，只剩下心，只剩下一颗自由自在的心。

曾伟：这就是《心经》里面讲的“无眼耳鼻舌身意”了。“眼耳鼻舌身意”都消失了，但心还在，觉性还在。

虚白：从心所欲，心到哪里，人就到哪里。

曾伟：这个“欲”其实也不是欲望的“欲”，而是“愿”。

虚白：“欲”也可以说是心指明的方向，这个“心”也就是“天地之心”，孔子的仁德和礼教在这里都有了根据，他已经临近生命之终了。

可能有人觉得“不逾矩”的“矩”是“规矩”，这太小了，其实不是，“不逾矩”非常了不起。看伏羲女娲图画的就是天地创始的时候，伏羲拿着矩尺，女娲拿着圆规。代表阳的伏羲拿着巨尺画大地，代表阴的女娲拿着圆规画高天。这是说其相为阳，其体为阴；其相为阴，其体为阳。这是中国的阴阳和谐。所以“不逾矩”实际上是天对大地划出的规则。

曾伟：“不逾矩”就是指不违反天理了。

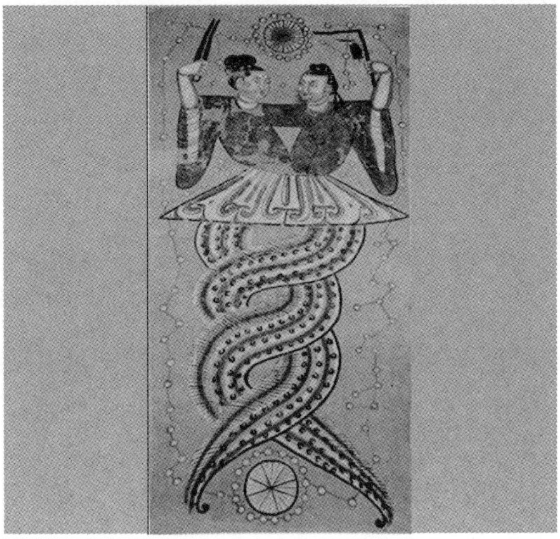

心有慈悲，身能安在

虚白：因此孔子说“不逾矩”就是他从来不会违反天理，“不违反”天对大地划出的规则。天作为一种光明照射到大地，大地上的人们感受到的这种精神就是“不逾矩”。我每次读到“不逾矩”的时候身体都有一种变轻的漂浮感，一种通达。

学恒：其实孔子到了“从心所欲”的这个阶段，他的心已经没有边界了，所以对他来说，到什么地方就是什么地方，不存在逾矩不逾矩的问题。

虚白：但这个“矩”不是边界，而是天德，即地法天、天照地的天德。我们都以为大地是方的，实际上这是天垂象的结果。

天垂象，天照大地，清清朗朗。天网恢恢，为何疏而不漏？因为天就是一直朗朗地照着。孔子五十岁知天命，七十岁才不逾矩，其中又经历了耳顺的过程，所以修行过程虽然很艰难，但是孔子却乐在其中，废寝忘食，不知老之将至。因为这样的“乐”才是人生真正的乐。

“悲”，我们凡人偶尔也有，但“慈”只有圣人才有，因为圣人的喜乐心生长出来更难。

曾伟：佛门中有修“悲观”“慈观”之说，“慈悲心”指的是“慈心”“悲心”。先修悲心，后修慈心；先修悲观，后修慈观。悲观是死，慈观是生。佛门修行一定要经历大死大生、向死而生的过程，不历死，毋能生。

学恒：涅槃了？

曾伟：这还不是最终的“涅槃”。修行到一定程度之后，你定会有一种万念俱灰、生不如死的感觉，觉得一切都失去意义。这个阶段是很难过去的，你极有可能回到欲界，寻欢作乐，放弃修行。还有一种可能就是你继续熬，熬着熬着就熬过去了。但要在这过程中保持着觉知，让你的心明明白白地觉知一切，觉知痛苦，觉知煎熬。

学恒：您说的“慈观”“悲观”和我们平时说的“乐观”“悲观”是不是一回事？

曾伟：不是，我们常人讲的乐观是欲界的，是由欲望导致的。佛法中有修悲观之说，却没有修乐观的说法。悲观修到后期，人处于煎熬之中，都像得了抑郁症。但到这个时候你万万不能回头作乐，你要保持觉知，知道自己在修行，这是一种幻灭感。根性好的人经历的幻灭感时间就短，反之则长。之后突然有一天你猛然活过来，万念俱灰的感觉没有了，反而心生欢喜。

需要注意的是，在煎熬的时候一定要大做“梦中佛事”，努力做事，哪怕明明知道没有意义，没有结果，也要拼命做，就是明知不可为而为之，因为你知道自己在修行。在这样持续做事的过程中，一定会有一个开悟瞬间的来临，开悟是一种内心感受，在濒死境地突然心生欢喜。佛门中把这叫作“离生喜乐地”，即离开生活欲望而生喜悦之心，这时悲心几近修成，下一步该修慈心。

悲能拨苦，慈能予乐。此时你能带给别人快乐，因为你内心生出的快乐跟生活欲望无关，这与常人不同。若你的快乐跟欲望有关，得到便快乐，得不到便不快乐，那又如何能给别人带来快乐！修到悲心的人经历过痛不欲生，已经死过的人不会在意得或不得了，这时他生出的快乐才是真正的快乐、无条件的快乐、无欲之乐，给别人带去快乐的时候才有慈心，才能观自在、成菩萨。

所以慈心一定在悲心之后，这样的慈心才是真正的慈心，即菩萨心。

虚白：其实到耳顺的阶段，就已经成圣了。刚刚您说煎熬的时候我想插话讲“存在”，因为一个人痛不欲生的时候，就没有存在感了。

中国人造“存在”这两个字，是靠象思维。“存”和“在”偏旁是一样的，这个偏旁在甲骨文中是半枝树木，如果右边再加一撇就是“木”了，和现代汉字中的“才”对应。夸一个人真有才，既是夸他，也是损他，只是半个木。但是这个半个“木”加一个“子”，就是“存”。

“子”是半夜的意思，刚刚孕育一点点文明，这是“存”。其实是存而不论。存是无形无相的，但是没有“在”，我们是不谈“存”的，这两个得合在一起说。“在”里面是个“土”，“土”就长出来了，“土”就是万物所生成万相。由“存”到“在”，就是由“子”（属水）到“土”。五行就是从“水”走到“土”，就是蕴含万物。“子”是初始，是原创。所以中国人把“存在”的含义说得很清楚了，它是一个从无形无相到有相有形世界的过程，这是一个孕育的过程，也是一个显现的过程。所以，“存在”是有两重境界的：无形无相的“存”，表时间，有形有相的“在”，表三维空间。也可以说两种“存在”。

在修行的路上，人本来是有存在感的，这是欲界的存在感，有形有相的存在感：吃着好的就高兴，吃着不好的就不高兴。笛卡尔的“我思故我在”也是欲界的存在感。

曾伟： 修到后来就是灵性的存在感，无形无相的存在感，要把欲界的存在感舍掉，生出灵性的存在感。

虚白： 孔子说的就是这种存在感，从十五岁开始，到七十岁终，他一共活了七十二岁，所以这是他一生的表达，是其生命之“存”。在“存”上孔子没有迷失，他反复说的“志于学”、“而立”、“不惑”、“知天命”、“耳顺”、“不逾矩”这些词都是“在”。因此，孔子是处于一个永恒的时间轴上即一个“存”的轴上讲他“在”的境界，这整段话孔子说的就是自己“存在”的境界。

曾伟： 也就是孔子寻求灵性存在的过程，把欲界的存在感层层消掉，最终找到灵界的存在感。

虚白： 孔子对自己一生的描述是《论语》中最重要的人生展示，展示了其一生中修的过程。他年少也历过贫贱，修的过程是很困难的。孔子的展示给后人磨炼定了一条路：我们后人在三十岁甚至五十岁的时候哪怕很困惑也不要倒退，因为你能看到孔子在你前方树起的三十岁、四十岁、直到七十岁的一个个路标。

所以孔子把人生的价值和方向都展示出来了，照这样一步步往前走，即使我到临终都没有耳顺我也不怕，因为我知道我这一生是对的，此生没有错过，这就是最大的福报了。

孔子用他的一生完成了圣贤的道路，这对后来的修行人是很重要的，孔子告诉我们，前进的道路在哪儿、开悟在哪儿。自古圣贤并不多，对于我们来说，求圣贤不一定能成圣贤，但我们只要悟到了这条路并且坚持走下去，就有可能在某一天某个点上，刹那间开悟，获得圣人境界。

我之所以说“有可能”，是因为我坚信，抱着虔诚坚定的态度努力，我们也可以跨越“存”的时间障碍，一步而至灵鹫峰下聆听佛音，一步而至孔庙杏坛下读书悟道。

就现代人的修行来说，障碍其实就是存在感的障碍：存的障碍，在的障碍；时间的障碍，空间的障碍。有些人读《论语》《心经》，一辈子都念不出来，是因为没有读圣人书即见圣人、读佛陀之作即见佛陀的感受。所以，我见大愿法师的时候有一种超越时间的框架、超越“存”的框架的感觉，刹那间超越的感觉是很令人激动的。

孔子在这里用“存”做时间坐标，用“在”做空间坐标，开了一个真正的人生大境界。

孔子修行的“心路历程”

曾伟：我觉得可以拿佛门修行的五个次第和禅定的四个阶段与孔子的这段话做一个类比。当然，这种类比只是为了让我们更好地看清孔子修行的心路历程，并不是对孔子的修行境界的真实界定，也不代表我就到了什么境界。

佛门中尤其是《心经》讲五个次第：第一个次第是“资粮道位”，第二个次第是“加行道位”，第三个次第是“见道位”，第四个次第是“修学道位”也称“修道位”，第五个次第是“无学道位”。孔子一定是大修行人，这五个次第与孔子的修行完全对应。

“吾十有五而志于学”，这是他发愿去学道，树立了超凡入圣的理想。他不是想当官或赚钱，而是想透彻地了解世界。所以孔子十五岁的时候就发了这个宏大的愿望，并从此之后开始修行。

孔子在十五岁到三十岁之间不断累积他的福德资粮，三十而立的时候他就真正处在资粮道位。“而立”是立基础，可以继续走下去，这时孔子的方向感就很清晰了。十五岁的时候孔子还是朦朦胧胧想去做什么，但经过十五年的修学，到了三十岁的时候他就已经把“从心所欲不逾矩（超凡入圣）”这个目标在脑海中视觉化了。“而立”的“立”就是人生目标、人生方向和未来远景的一个真正确立——超凡入圣。

孔子三十岁到四十岁之间是从资粮道位进入加行道位，他的修行进入了快车道，修行更精进，人生的最终境界也越来越清晰，但这也是修行当中最为痛苦的过程。他说“四十而不惑”，这说明在三十岁到四十岁之间他还是一直有很多困惑的，他困惑什么？其实在欲界中，还有很多欲望在挤压着他。

虚白：从《论语》中也能看出孔子也是有欲望宣泄的。

曾伟：《孔子》这部电影中也有展示。孔子一直想展现自己治理国家的才能，但这还是欲界的事情。也就是说，孔子三十岁确立目标之后还是总受到欲望的骚扰，在三十岁到四十岁之间，他的执着心还是很重的。但他“四十而不惑”，到了四十岁他的“惑”才断了。

他断掉的“惑”是什么“惑”呢？是欲界的“惑”，就是他的功名利禄的想法完全断了，做到了“人不知而不愠”。所以“不惑”之前一定是“惑”，我们要把这个惑的状态活脱脱想出来，才知道孔子修行的苦。孔子并不是一开始就一直往上走，他在而立之后还是经历了一个“惑”的阶段。在这个过程中，孔子是十分煎熬和痛苦的，后人对他颇有微词的一些行为其实都是在“惑”的阶段发生的事情，只不过他一直在修，而凡人却会沉沦。

“四十而不惑”之后，他的我执或者说人我执（对自我欲望的执着）就断掉了，从欲界中跳脱出来。这在佛门修行中是一个境界，离开欲界就是“初禅”，进入色界，色界的“色”不是好色的“色”，而是心跟外境完全吻合，叫“心一境性”。

虚白：看山又是山，看水又是水。

曾伟：而且山水还真真切切，就是“心一境性”，也叫“性境”。我们平时看情境是分为三种境：一是“性境”，它是真实的境；一是“独影境”，是靠想象的境；一是“带质境”，是过去给你留下记忆的境。其实人一直都在带质境或独影镜中，在性境中的时间非常少。我们常人看什么东西都会受到过去的记忆和未来想象的干扰，而这些记忆和想象的出现，其背后就是人的“欲”。“欲”在左右我们一切，哪怕看个东西，都不得真实。所以，孔子“不惑”就是指在性境中离欲，断除了生活中因为欲望而生的烦恼，以及欲望对我们“眼耳鼻舌身意”的干扰，能见到事情的真实面目。

虚白：孔子自己说的是，“惑”就是我喜欢你的时候欲你生，不喜欢你的时候欲你死，“不惑”不就是断了人的爱恨善恶吗？就是二性空。

曾伟：孔子说他“四十而不惑”，我看到“不惑”就敢断定孔子一定离欲了，心一境性，进入色界，进入性境，得了初禅。初禅就是一个离生喜乐地，也就是他的喜乐离开了生活欲望，不被各种生活欲望所捆绑。

虚白：这个“不惑”的“惑”不是疑惑，而是指情感对行为的支配。

曾伟：是的，“不惑”也就是情感对行为已经没有捆绑作用或者说决定作用，离欲了。那么“五十而知天命”就是到了见道位，离相见性，五十见性，见性就是知天命。四十不惑的时候还只是断了人我执，而佛门中人我执断后还有法我执，对自己想法、见解的执着。因此不惑的时候还没有真正见性。到了五十知天命的时候，孔子就见性了，断了法我执，不再执着于自己的想法和见地。

虚白：这个“法”不仅仅指方法、见解吧？

曾伟：一切事情都可以叫法，做一切事情的方法也叫法。所以孔子断掉的除了对自己的见解的执着，也包括对一切事物的执着，离了一切事物的相，这叫“离相见性”。五十而知天命，离相见性了。但到这里还是属于悟的阶段，悟前起修，悟后更要修，才能真正得自在，悟了不代表自在，见性不代表自在。只有悟后起修，在不执着中大做梦中佛事，前所未有的精进，才能得大自在。

很多人以为孔子周游列国的时候是执着地去推销自己的政治理想的，其实错了，孔子要真是这样，就谈不上“知天命”，甚至连“不惑”都谈不上。因为执着于自己的政治理想都还是欲界的事，欲界都未离，能“贫而乐道”“人不知而不愠”吗？能“不惑”吗？能“知天命”吗？“知天命”就是知道了天、地、人一体，天、地、人一心，就是达“吾”。“吾”就是天人合一，天地即心心即天地的意思，这时的孔子已经悟到了生命永恒、不生不灭的境界。他正是到了这样的悟境，才周游列国。因为不管别人是否接受他的政治理想，他都知道自己是对的，他的智慧定会永恒。

历史已经证明了这点。这是一个开了“天眼、慧眼”的人，他难道不知周游列国的结果吗？结果早就在他心中了，这就是我们常说的“明知不可”的意思。那他为什么还要“而为之”呢？我们凡人是从“相”上来看的：别人听，我就说，别人不听，我就不说，因为没用何必说呢？孔子是圣人，他是从“性”上看的：我去渡人是行天道、弘天理，别人不能完全接受是他有障碍，但天理和天道是世人阻碍不住的，我只要去做就好了。事实不是证明孔子对了吗？孔子的思想滋养了一个民族，传播了两千多年，还必将生生不息地传播下去。而当时的那些国君们又留下些什么呢？这就是道心和欲心的区别。得道心的人不生不灭，执着欲心的人生生灭灭。

一个知道自己不生不灭的人，怎么会执着呢？他只是在这个过程中进一步修炼自己的道心，并且从事相上更多地了解各个国家治国的策略和方法以及它们的得与失。这对于他最终形成自己的方法论是非常有帮助的。他的思想体系还需要在“有形有相”的地方再充实完善，破了还要立嘛。

虚白：孔子三十而立，“立”就是看得见。立了，三十以下，有形有相；三十以上，皆是破形破相，由立到破再到不惑。

学恒：但人总要有一个“立”的过程，不立的话也就谈不上破。每次立、破都是一个成长进步的过程。

曾伟：也是见性的过程。

虚白：其实不能说不破不立，应该说不立不破。

曾伟：随立随破，随破随立。破了以后还要立。

虚白：尽力击破。

曾伟：我们再看孔子的修行生涯。五十而知天命之后是开悟了，见性了，常人会以为开悟就到顶了，其实这才刚刚开始。开悟见性只是入门。

孔子五十岁才入门，知天命就是入门的一瞬间。因此孔子五十而知《易》，他五十岁的时候才开始解《周易》，因为他入门了。很多人以为孔子五十岁才开始读《周易》，肯定不是，开悟见性之后才能真正解《周易》，这一解就是《易传》。

虚白：过去的圣人都是靠讲，不靠写。一写，各种相就来了，各种执就来了，写的话会受到各种约束，文字本身只能作为一种重要的补充。

曾伟：在写的过程中，自己跟自己的过去不断地因缘和合，从而生成新的我，这样的你是被自己绑着的。而通过"讲"你就可以跟大众因缘和合，然后新的因缘掺进来，这就是佛门讲的妙观察智起来了。否则你只是记忆，就是第六意识，转第六意识为妙观察智靠新的因缘起来。

曾伟：孔子入门以后的修才是真修。入得了门，只代表有了正见；入门之后，还要修身体。孔子五十知天命以后其实还是知道自己仍有局限、有障碍的。知天命不等于达天命。这个障碍是什么呢？从"六十而耳顺"这句话中就可以看到："六十而耳顺"意味着六十岁之前没有达到耳顺。知天命后未耳顺，这是个什么状况呢？这意味着："知（知见）"到了，而"行（行动）"未到；"理（理念）"到了，而"法（方法）"未到；"心（意识）"到了，而"身（身体）"未到。所以，孔子知道接下来的事就是身体力行，去行事。所以他周游列国，传播思想，匡扶周礼。他的目的与其说是为了真让别人按他的想法去做，还不如说他是把这个过程当作自身修行的必经阶段。也是他学习和总结方法的阶段。孔子修完以后的结果就是耳顺，耳顺在佛门中就代表转身，身体转过来了。身体转过来之后，眼耳鼻舌身五识就消掉了，五根就清净了。

平时，人的“眼耳鼻舌身”这五官接触任何东西，都受“识”的影响，都受过去的经验和习性的影响，都不清净。俗话说的“情人眼里出西施”“仇人相见，分外眼红”等，都是这个意思。转身就是指消除掉经验和习性等对“眼耳鼻舌身”的影响，让五根变得清清净净。这里孔子只不过拿耳“顺”作代表，表示“耳根”清净。

这里的耳顺别把它理解成听什么都顺耳，顺不顺耳是情绪反应，孔子在“四十而不惑”时即已摆脱掉欲界的烦恼了。此时的耳顺是“耳”感通天地的意思。因为五根清净，一切的事相及因果在他的心里都清清楚楚、了了分明、通透无碍。可以说：知天命只是他在“理（天理）”上与天地感通了，而耳顺则表示他在“法（方法）”上也与天道相应了，身心都达到了与天地的感通。耳顺在这里只是一个代指。

虚白：拿耳代表，因为耳的修行是最难的。

曾伟：对，孔子拿这个最难的代表，代表五识修掉了，身体转过来了，五根清净了，心能转境了。这些都是他话语中隐藏的东西。

虚白：比如孔子之前开言语课，他在嘴上早就转过来了，但是耳朵还没有。

曾伟：五识是分两次转的，鼻和舌这两识是在前面先转，在孔子得初禅、四十不惑的时候肯定已经转了，否则他得不了初禅，达不到不受情绪左右的境界，也就是“人不知而不愠”的境界。所以其实这时候孔子讲话的修养肯定已经很高了，嘴巴绝对不会出妄语、说三道四。

六十耳顺是孔子转的第二步，从初禅到二禅三禅，转眼、耳、身三识。这三识转了以后，如果他修禅的话就等于到了气住和脉住的时候，就是他的呼吸和血脉可以停止，打坐的时候旁人用手摸一下是感觉不到呼吸的。这时心脏是不跳的，出现死人景象，在常人看来他几乎没有生命体征。但实际上他的皮肤在呼吸，因为他的五识已经完全转掉了，耳顺就代表五识全转。

虚白：这里就是顺转了。

曾伟：这就是修道位，孔子在修身体、转身体。但为什么七十岁才从心所欲呢？因为耳顺的时候只是转了前五识，达不到从心所欲是因为还有意识没转。

虚白：为什么鼻子和嘴、舌头先转？因为人首先是呼吸的“自”（“自”的甲骨文是鼻子的象形，字本义就是鼻子），鼻子主呼吸，所以我们与天交往是靠鼻子；我们吃饭喝水要靠舌头，所以我们与地交往是靠嘴。人和天地之间的交感就是人中，天地人中，人在其中。其实我们每天都在跟天地交会，天地交会就是“吾”，“吾”的下面也是个口。因此鼻舌跟天地最近，所以先转；凡俗跟天地不贯通，所以不转。孔子要贯天地，先转鼻舌。

曾伟：其实鼻识和舌识先转有个最直接的原因，就是人吃饭也好喝水也好，身体的物质材料都是从气和食这两个地方来，因此要转身肯定从物质层面先转，从这两个地方开始。

虚白：眼睛、耳朵跟嘴和鼻子不是一码事，是两样东西。

曾伟：鼻和舌是直接跟天地交会，瞎子也行，聋子也可，都可以交感。但眼耳不行，跟天地之间隔了形和相。眼睛看到的是有形有相，耳朵听到的是无形有相，形是没有了，但声音也会带来没有形状的相，

虚白：我突然想到，庄子讲“吾丧我”这么高境界的时候，要讲人籁、地籁和天籁，庄子也认为耳朵最后获得了感通。他感受到了人、地、天的顺序，庄子极其精妙，跟这里也是契合的。

曾伟：孔子耳顺的时候，身体五识转了，但意识还没断，达到从心所欲断意识的时候，就是六十到七十这十年间。到了七十岁，孔子就从修道

位到了无学道位。念头清净了，佛门也叫“净住”。这个时候的“心”，就是《心经》里面讲的无眼耳鼻舌身意的“心”，六根清净的心。

那么“从心所欲”的“欲”就应该是他的“愿”，而不是欲望的“欲”，他早在四十不惑的时候就已经离欲了。所以孔子四十岁之前是欲界，四十岁到六十多岁是色界，接近七十岁他就进入无色界了，无色界中没有矩，自然不逾矩。无色界中无形无相何来规矩？没有方圆，不成规矩；方和圆都没有了，规矩也不会有。所以“不逾矩”不是说他能够适应规矩、不违反规矩，而是无规无矩。

我这里要补充说明一下，我在这里使用了一些佛教名相，只是为了让我们对孔子从“而立”到“不惑”，从“不惑”到“知天命”，从“知天命”到“耳顺”，从“耳顺”到“不逾矩”这一系列过程当中的心理变化看得清楚一点而已。避免我们只是把它当名词背下来，甚至去顾名思义。从名词上来讲：不惑、知天命、耳顺、不逾矩你是难分得开的。一个“不惑”的人怎么还会逾矩呢？知了天命了怎么还会耳不顺呢？顾名思义你就肯定会将耳顺理解听得进别人的意见。孔子六十岁才听得进别人的意见，他还是圣人吗？这些名词必须从修行者的身心变化上才能去理解，否则我们既会错解，也会失去从这段话中看到孔子修行方法的机会，更会不把孔子当大修行人看。甚至认为孔子是因为不得志而周游列国，搞得自己如丧家之犬，狼狈不堪。“文革”时我们心中的孔子真成了这样。一个对中华民族做出如此贡献的人，被我们当成了处处推销自己、处处碰壁的丧家之犬，这是后人的罪过呀！孔子有这么自我和执着吗？

孔子在修行。一个大修行者在修行过程中呈现出的一切的相，既非我们以为的如何悲惨，又非我们以为的如何壮烈，都不是。他的内心很自在。他在游戏神通。只不过我们后人会因为自己的抵触和误解而造罪。因为功力原因，我的解肯定错误非常之多，但假如我能让后人从这些名词当中体会到孔子修行时的内心，看到一个真实的孔子，那我犯的任何错都是值的。圣人并不是生活中摔打出来的，只有在摔打中保持自觉和平等心，人才能成就。

超凡入圣在世间

虚白：真正的无规矩其实是最大的规矩。从知天命到不逾矩就如同康德讲的：世界上只有两样东西是最神圣并且值得我们景仰的，一个是头顶的璀璨星空，一个是内心的道德律令。康德也是大修行人，感通到了“德”。

曾伟：这指的是什么状态呢？尽虚空遍法界。他遇到的跟他的内心都浑然一体了，宇宙空间是自己的一颗心，自己的一颗心也遍布了整个宇宙。这时心包太虚，矩在心中，心在矩中，心即一切，一切即心。

虚白：所以我读到“不逾矩”三个字的感受就是自由自在。

曾伟：是的，孔子这时起心动念跟周围的一切都是完全吻合的，因为周围的一切都是他的心所为。

学恒：进入自为、自由世界？

曾伟：自由、自在、自为。

虚白：这时的孔子就是达到了道德审美的最高境界。

曾伟：在这个境界中，相由心生，有规矩的相是他的心生出来的，无规矩的相也是他的心生出来的，也就不存在逾矩之说。

虚白：中国儒家最高的道德追求和做人气概在孔子这里体现得非常完美，“从心所欲，不逾矩”就是一个儒者、一个士人非常想达到的境界，也就是道德境界和英雄气概的合体。子路和文天祥那种视死如归的气魄都是这种合体的写照。

曾伟：英雄气概会逾矩，道德境界守规矩。常人的英雄气概从心所欲，逾矩而缺少道德境界；常人的道德境界不逾矩却又缺少英雄气概，所以孔子这里是英雄气概和道德境界合二为一了。

学恒：我理解，孔子之所以对自己的人生做这样一个概述性的总结，首先是给大家树立了一个榜样，告诉大家人是可以进入自由世界的，并且展示自己可以做到。他是春秋末期的一盏明灯。其次，这段话也体现了孔子的慈悲心，他告诉我们修行的次第、台阶，让后人跟着他的步伐一步步走过来，虽然他也知道不是每个人都能达到这种境界的。

所以这就是孔子的慈悲所在，他知道大多数人都达不到这个境界，但他还是把修行的道路告知众生，因为你只要沿着这条路走，不管走到哪一步都是对的。走到而立也对，走到不惑也对，走到不逾矩更对。

但重要的是，你不能停下修行的脚步，固然每个人天生禀赋不同，但一旦停下修行的脚步，你的人生也就失去意义了。

所以其实孔子这段话是大立大破、大破大立，他的每一级台阶跨越很大，对于我们普通人来说，一般都是小立小破、小破小立。

曾伟：普通人甚至是立而不破，会执着于“立”，得到一点就不敢继续破，好不容易不惑就满足了，不敢往前走。

学恒：对于普通人来说，就算做不到大立大破、大破大立，也要尽量做到小立小破、小破小立。比如有的人遇到了困难，当不了处长，评不了教授，成不了亿万富翁，可能就万念俱灰，觉得一生没有意义了。这个时候往往很多人会放弃，但如果学了孔子这段话，即使是暂时看不到成功的希望也一定会去做。

曾伟：这时候人就会自我突破，上一个台阶。

虚白：而今迈步从头越。

学恒：很多人到这时候就失去动力了。圣人大破大立，凡人小破小立，各有所得。

虚白： 还有一个问题，就是孔子为什么要给自己写这样一个总结？这是可以当作墓志铭的。这是因为，他担心日后学生理解不了他成为圣人的心历路程，于是自己说出来。能体会孔子的学生已经去世了，譬如颜回。孔子其实是有道家精神的，但是他的学生中有道家精神的太少了，所以他才会说“吾与点也”。

学恒： 是的，《论语》后面讲到一个故事：孔子的学生冉有说不是自己对老师的思想不认可，而是自己力有不足。孔子接过他的话说冉有在给自己找借口，因为如果他力有不足的话，他至少应该是半途而废，但他现在根本就没开始行。所以冉有这是画地为牢，自我设限，估摸着可能达不到目标干脆就不去做了。孔子的话不止说给他一个人听，孔子告诉我们哪怕半途而废，也应该去做。万一要成了呢？

因此这就是孔子的慈悲，他把目标立起来，告诉我们哪怕半途而废也是对的，最错误的是自己不肯走出第一步。

曾伟： 就是你虽然达不到从心所欲，但你能够达到耳顺也好，达到知天命也好，再不济达到不惑、而立都是好的，你不至于随波逐流，被自己的欲望拖着走。

虚白： 冉有最后就随波逐流了。

学恒： 正因为如此，冉有在季氏那里做官的时候，孔子就让他的学生敲锣打鼓去讨伐他。

一个人就算无力前进也没关系，你十五岁或者很小的时候志于学，只要志于学一辈子，哪怕最后都没有悟也是会有收获的。

曾伟： 三十不立，六十立也好啊，立一辈子总不至于塌下去。

学恒： 很多人不是认为圣贤不值得学，而是觉得自己怎么努力也达不到圣人境界，既然达不到，何必浪费精力，于是就不做了。这点就是冉有的想法。但是孔子强调的就是普通人恰恰应该在成圣贤的路上去努力，达不到也定有收获。过程很重要。但多数人会认为，既然不一定有结果，那何必要有过程呢？

曾伟：我们讲六道轮回，其实就是说你只在欲界里头活着，就是在畜生道里。在欲界当中活着的人就等于是有想法的动物，与只有欲望的动物在“欲”这一点上是相同的。没有到这个不惑阶段，活一辈子也是在畜生道。

虚白：人必须要知道人生的几个境界，以及人怎么活着。

学恒：所以我要为“半途而废”这个词正名了。半途而废未必就是不好的，至少证明自己曾努力过。最大的问题是不曾开始。只要是认准的事，从哪开始都是对的，但就是不能不开始，更不能找借口随时停下脚步。

曾伟：只要走在这条路上，不管从哪开始，走到哪一步了，都是对的。

稻盛和夫先生讲我们人一定要明白：作为人，何为正确？就是要我们明白你究竟想在哪个层面活。老先生也是很慈悲的。

从孔子成就的轨迹中，我认为最值得赞叹的是：他的修行和成就都不是离开他在世俗间的担当去做的，他把世俗间的作为和修行融合在一起，达到超凡入圣的境界。这与很多修行人的做法是不同的。当然，他这样做的意义对众生的帮助更大。为何孔子的儒学成为传统文化的主流，原因恐怕就在这里。

他让大家在日常的孝、忠、信、爱等当中去修，这与禅宗六祖慧能的说法“佛法在世间，不离世间觉”的意思是相同的。孔子自己就是在世间修行而得大成就，最后达到“从心所欲不逾矩”的境界的，他希望世人也如此：既要过好自己的日子，更不要忘了让自己超凡入圣。孔子真是大慈大悲的活菩萨。

孝道兴，天下安

学恒：第五章。

孟懿子问孝。子曰："无违。"樊迟御，子告之曰："孟孙问孝于我，我对曰无违。"樊迟曰："何谓也?"子曰："生，事之以礼；死，葬之以礼，祭之以礼。"

孟懿子是孔子的一个学生，他有一次问孔子什么是孝，孔子就回答了两个字——"无违"。不久，在樊迟给孔子赶车的时候孔子主动把这件事告诉了他，樊迟不明白老师是什么意思，孔子就告诉他："父母在世，要以礼侍奉；父母过世，要以礼安葬；对父母的祭祀也要守礼。"

后来，孟懿子的儿子孟武伯也问孔子什么是孝，这次孔子回答道："让父母除了你的身体健康外不再有别的担忧。"

曾伟：前后两次的回答是不一样的。

学恒：樊迟在孔子的弟子中是个悟性不太高的人，所以孔子要详细地跟他讲"无违"的含义。

"父母唯其疾之忧"则是因为生老病死是任何人都无法回避的，父母对子女这方面问题的担忧是子女没办法避免的，若子女因一些本不该让父母担忧的事情而使其担忧，那就是不孝了。

"无违"是不违礼的意思，不过在一般情况下会被简单理解为"不违背"，就是孝顺、顺从。这并不是孔子的本意，甚至是对孔子的曲解。《孔子家语》中记载了曾参的一个例子：有一次父亲认为他做事不专心而责打他，他不躲避以致父亲失手将他打晕，醒来后他还要到一旁"鼓琴而歌"，以此告诉父亲，他并没有因为被打晕而怨恨父亲。孔子得知此事后说：“小杖则受，大杖则走，今参委身待暴怒，以陷父不义，安得孝乎！”可见孔子是非常反对愚顺、愚孝的。

曾伟：如果简单地把“无违”等同于顺就把孔子的境界给拉低了。

学恒：孔子跟孟懿子讲“无违”并不单单是在讲孝，这就要了解一下当时的历史背景：鲁桓公有四个儿子，其中鲁庄公继位之后其余三人就称为“三桓”，后来三桓逐渐把鲁国国君给架空了，而孟懿子正是三桓之一——孟孙氏的后代。所以孔子用“无违”回答孟懿子，既是回答问孝，又是借机暗讽三桓违礼。如果孝顺父母不应违礼，那么侍奉国君同样不应违礼，而三桓的僭越恰恰说明了他们不知礼、不守礼。

曾伟：就是违背天理、礼制了，因为三桓违背了祖先的意志，实际上就是最大的不孝。

学恒：这也是孔子“有教无类”的一个体现，他通过这次提问批评了孟懿子，同时又加以详解，教育了悟性较低的樊迟。

虚白：“事之以礼”和“葬之以礼”都是人和人的沟通和情感表达，因为无论父母在世时还是下葬时，你面对的都是一个真实的父母——无论生死。而“祭之以礼”则不仅仅是在表达情感，更是召唤祖先魂灵的仪式，其实这也是人心的召唤。“祭之以礼”的“无违”就代表不要阻断了与祖先之灵的沟通。因为中国人非常看重与先人之“灵”的沟通，这里的“灵”不是一般所指的灵魂，而是类似于祭词中“英灵不远”的“灵”。

很多人在解“无违”时都会认为是孔子在表达对三桓违礼的不满，但我却不这么认为，因为此时执掌鲁国政权的，是三桓中的季氏而不是孟孙氏，更何况这个孟懿子和他的弟弟南宫适都是孔子的弟子，他也没必要向他们表达对三桓的不满。更为微妙的是，孔子的弟子宰我也在季氏家做官，而孔子本人又曾在鲁国做过大臣，所以孔子没必要在这里暗讽三桓。

所以我认为孔子在这里强调的是用礼把人和人之间的沟通给统一起

来："生"——事之以礼，"死"——葬之以礼，"死后"——祭之以礼，以完成中国人这种类似于宗教情感的表达和寄托。因为中国人是没有"他者宗教"的——所有人共同信奉的，不来自凡俗的神灵。一个没有他者宗教的国家，必须得依靠人的这种宗教情感的建立来形成社会秩序，否则社会会乱套。

其实，一个民族是否有具体的宗教并不重要，但必须要有宗教情感。孔子提倡的"孝"就是这种宗教情感的核心之一。孝是什么？孝实际上是沟通你的上辈与你的关系，这种沟通是顺畅（无违）的，人与人就构成了一个绵绵不断、生生不息的链条。只要懂得"孝"，人与人之间的纵向的链条就能牢固地建立起来，人们即拥有了宗教情感。再把这种宗教情感跟家国理念结合在一起，其作用是不得了的。所以这个链条必须用"礼"来匡正，不容任何差错。

学恒：这里我做一下补充，孔子特别强调"事、葬、祭"这三个方面的礼，其实孟子后来也提出过"养生丧死无憾，王道之始矣"，因为这是老百姓最关心的问题，如果当政者把这个问题解决了，那么他的王道也就实现了。

我认为孟子的解是非常到位的，他知道作为君王，首先自己要奉行孝道，要给老百姓做出榜样，这样人们才会认同你。因为孝是德之本，而为政以德——德又是政之本。如果这么来考虑就会明白把孝放在《为政篇》来讲是有其深刻意义的：孝，是中国人最大的公约数，每个人都有心去做，但要做好真的又很不容易。

在这章，孔子分别跟两个学生讲无违的侧重点是不同的，他跟孟懿子讲的无违是可能有点醒的含义在里面的，而跟樊迟所讲的无违则更侧重于本身的意义，这也体现了孔子因材施教的教学方式。

虚白：中国人与祖先的感通是建立了一个纵轴，起安心的作用。因为当时的中国没有宗教，没有轮回转世的概念，所以孔子用这样一个体系来告诉世人：你是如何与祖先进行沟通的，那么你的后人也会如此与你沟通，你现在的“活着”只不过是生命长河中的一个环节，没有什么可执着的，也没有什么可恐惧的。

这样一来就把生死困惑给解决了，当然这个解决得不够彻底，所以后来才有了道教特别是佛教来重新安抚人心，但这也体现了孔子对人的彻底的关怀。

学恒：孔子用孝帮助我们解决了生死观的问题。

虚白：对，如果你父亲讲仁义，而你又跟你父亲的行为类似，人们就认为你很孝。如果你父亲不讲仁义，那么你就不能跟你父亲学，这就叫不肖。肖有模仿、仿效的意思，不肖就是不要仿效。虽然你“不肖”，但是你必须要“孝”。

“孝”字的上面是“考”下面是“子”，这就体现父子之间的传递。所以，中国人用字用辞都是导人向善的，比如说“父慈子孝”，父亲慈爱了，儿子自然愿意孝敬你，否则你的孩子都不愿“肖（仿效）”你。

这种纵向的感通，是我中华传统文化独有的精神，世界上唯独中国人有这种家国天下的历史责任感。

中国人不把生命分为两截：一截是我此生，另外一截就与我不相干了。不会这样。所以中国人不会像西方人一样，一手拿《圣经》，一手去杀人。

学恒：杀完了再去忏悔。

虚白：中国人不是这样，中国人认为杀了人对自己的影响是消不掉的，因果报应是逃不掉的，它把生命当作一个绵绵不断的整体。

曾伟：生死一体。

虚白：西方人超越生死靠把自己交给了一个他者——上帝。中国人不会把自己托付给一个上帝般的存在，而是完全交给自己。

曾伟：太精准了。中国人把生死交给了自己，西方人把生死交给了他者，交给了上帝。

虚白：从这个角度讲，中华民族绝对是世上最仁爱的民族。但现在也有不少中国人开始做事完全不顾及子孙，他们那种做法就是在割断这种沟通、这种文化。

过去中国人常说“天地君亲师”，现在没有君了，可以把君用国来代替，就是“天地国亲师”，而“亲”就是我们的父母和祖先。我们中国人都可以通过家谱找到自己生命的源头和归宿，这时我们就会发现自己的姓氏都是源自历史上的贵族甚至是王族，根本找不到任何一个从奴隶演变过来的姓氏。

也就是说贵族和老百姓是同享尊姓的荣耀的，这只有自由民社会才有可能。这是一个几千年贵族精神和平民精神合二为一的国家，这不正是西方人今天的理想吗？西方人说这个理想，是因为他没做到；中国人不说，是因为中国自古如此。我们为什么非要把自己的东西抛弃去喊人家的理想呢？

我经常说中国是一个五千年的自由民社会，这是人类最了不起的一个国度。在这个国度当中，人们享受着自由，并且用诗歌、用词、用曲去赞美它，从西周一直延续到宋。这种精神非常了不起。尤其是那些诗人、词人所表达的对下层社会的同情、扶助，也是其他民族不曾有的，而且是几千年不断。

有人拿中国没有受难的基督来说明中国人不懂得慈爱，而我恰恰认为正是因为中国人的慈爱才没有受难的圣人。孔子虽然三次受困，但他没有像耶稣那样被钉死在十字架上，中国历史上被称为圣人的也没有一个是惨死的。中国没有出现受难的基督不代表中国历史的缺陷，这恰恰说明中华民族觉悟境界之早、之高。

学恒：这就说明了我们从古至今所倡导的“仁爱”的智慧让我们的圣人和智者避免了惨死的悲剧。当然，我们历史上也曾出现过问题，也有过不断的战乱，如果我们的民族能有更多的像孔子这样的圣人的话，一定可以避免更多杀伐。

虚白： 孔子非常伟大的地方就在于仁智勇齐备：只有仁爱不过是老好人；只有勇敢不过是莽夫；只有智慧不过是坐而论道。孔子是三者齐备的，就像佛家讲的戒定慧平等修一样。

中华文化的境界和格局真的不是西方人能够理解的。

学恒： 西方人是否理解并不重要，问题是国人自己都缺乏对民族文化的了解和信仰，总是在讲西方的优点，挑自身的毛病，好像中华文明全是糟粕一样。

虚白： 这种民族自卑的“风气”肯定会过去的。我们讲“风俗”，“风”就是时尚，像一阵风似的，而“俗”则是约定俗成的，能够坚持下去的东西。“风”也许会冲击到人，但不可能真正教化人的，只有“俗”才可以教化人。

曾伟： 入乡随俗，入乡随的是那个俗。

虚白： 不能随风，也不会随风。

曾伟： 随风就麻烦了。

敬为孝之根

虚白： 第六章。

孟武伯问孝。子曰：“父母唯其疾之忧。”

这句话也有两种解释，我们现在普遍的解释就是父母除了担心我的疾病，不担心别的。还一种解释就是担心父母的身体健康。

应该说，中国人对在外游子更加担心的这种观念真的很强。比如父母跟别人谈自己孩子的时候，绝对不会跟人家谈在身边天天照顾他们的那个，他会谈出去打天下的那个，就是父母以孩子有出息为骄傲。因此，做儿女的不应该让父母还担心你没有出息，也就是说做儿女的应该勤勉精进、努力工作、自强不息。这时，父母就不担心你是否有出息的问题，反而会担心你的健康，让你别累着。如果你吃喝嫖赌，父母是绝对不会让你别累着的。

“父母唯其疾之忧”表示做父母的已经体认到了从祖先到自己然后到后代之间的这根链条，并且对自己和孩子在这个链条中的作用都是深深知道的。所以，如何延续好自己的生命链条，就不仅仅是个人的疾苦问题，也牵涉到这根生命链条的延续问题，而这才是核心。

学恒：对。父母担心孩子身体健康只是一个表象，实际上它深层次的含义就是希望你不要出问题，希望你要健健康康地活下去，要为家族、为父母、为社会把这个身体给养好，不要出现一些意外的事情。

刚才虚白教授说把孝放在我们生命延续这样一个纵轴上，这个孝就能更好地理解一些。孟子说“不孝有三，无后为大”，这里的无后究竟是什么我们可以以后讨论。但如果从这个生命延续链条上来讲，无后的后果确实很严重，这本身就是客观的事实。

当然我们要把这个“后”稍微扩展一下就不仅仅是生命的延续问题了，还是你个人能否成就，以及给家族社会带来荣耀、留传后世的概念。如果这样扩展会使现在的人更好理解一些。

如果一个人病怏怏的，父母就会担心继承生命等一系列的问题。古人夭折的概率是很高的，有的病得了几乎就等于要了命，父母对孩子的病是非常担心的。

虚白：“不孝有三，无后为大”也不一定非指没儿子，中国人可以过继。“无后”指的仍然是这种慈、孝之间的关系不能传递，断了链子。

学恒：对。还有就是精神传承、道的传承、文化的传承。我们从孔子对待自己的学生颜回和儿子孔鲤的去世的态度就可以体认到这个问题。孔子的晚年很不幸，在他生命的最后两年里，爱徒颜回和儿子孔鲤相继离世。从论语文献记载的情况看，孔鲤去世时，孔子是什么心情我们不得而知，但颜回去世时，孔子是呼天抢地的："天丧予，天丧予！"孔子为什么会有这样的悲叹？那是因为，颜回是孔子认定的最理想的仁与礼的传人，颜回一殁，孔子就觉得自己所继承的周文王的"斯文在兹"以及自己所开创的"至大之道"找不到合适的传承人了！这个对孔子来说，是真正的"无后"，他有些绝望了，所以才会发出"天丧予"的慨叹。

虚白：接下来是第七章。

子游问孝。子曰："今之孝者，是谓能养。至于犬马，皆能有养。不敬，何以别乎？"

这里提出了一个儒家的论题，叫人禽之别，这个是孟子提得最多的。

这里就提出了人和动物的比较，那人和动物的区别是什么呢？就是人何以为人。问人之所以成为人，这本身就是作为一个人的觉悟的开始。

曾伟：自觉。

虚白：对，是的。所以孔子提出"不敬，何以别乎"，就提出了人禽之别的第一点：人是持敬的。

学恒：孝和敬，人禽之别就是在孝的自觉下有敬，就是说把敬这个元素阐发出来。

虚白：敬是一种心态，孝是一种行为。

曾伟："孝"的行为当中就应该是"敬"的心。所以人们才常将"敬"与"孝"合在一起，叫孝敬。

虚白：其实孝心就是敬心，敬有两层含义，它不仅仅是我们今天理解的尊敬、敬畏，它更多的是一个修身的工具——处处持敬。就是以敬修身来保持自己行为的一致性，所以敬是宋儒的修身大法。我们古人同音同义，这个“敬”字可通“静”，安静的静、静心的静，实际上敬也是指没有杂念，没有自己的考量，没有对自己利益的考量。

曾伟：没有妄念。

虚白：对，“敬”是非常好的一个字。

学恒：我们说敬和养，虽然都会养父母，但是怀着敬来养父母就会避免后面讲到的“色难”。有的人虽然有吃有喝地养着父母，但是他的内心可能是有抱怨的，这就不叫敬养。

虚白：孔子经常讲色难，孔子是很看人的脸色的。

学恒：察言观色。

虚白：“色”是我们心理和身体状况的一种表征，就像看你早上的脸色就能知道晚上是否睡得好一样，孔子认为只有心里有“孝”的心，面上才有“孝”的表。所以孔子能看表知根，他是很重视识人的。

讲“色”，并不是要你堆出笑容来，而是你内心要有敬，敬是孝在心里的根，然后你把敬表达出来，自然就是和颜悦色的。你递上这碗茶，绝对不是“给您茶”，绝对是“您喝茶”“请喝茶”，就是那种关心。看到父母这一段时间嗓子可能有点干，该到了喝茶时间了，你的茶就奉上来，这就是心里有这个敬。

我这两年对此真的是有所体会，为什么呢？因为我的学生总是会主动地给我倒水、拿包。这的确是小事，但以前在我讲经济学的时候需要安排大家擦黑板，大家还都不乐意，现在大家都是非常乐意那么做。

曾伟：大家那时脑袋都学会经济了，会想到这样合不合算、有没什么好处。

虚白：对，凭什么我擦，别人不擦。

曾伟：而教国学就不一样了。

虚白：现在大家都抢着去擦，抢着给你倒水，而且能感受到他很愿意做，在做完了之后你能看到他脸上很舒服，他不做反倒不舒服。我那水杯往那一放，很多人都盯着我水杯，什么时候喝完就给倒水去。这个就是孔子讲养、敬和人的内心，养就要敬，敬就是养，你不敬就无所谓养。

学恒：等于就是把那个孝又展示了一遍。

虚白：你不敬无所谓养，就跟喂牲口一样。所以我觉得中国人把这个东西讲到根上去了，它是个“心”的问题，就是人们孝的本在哪。

学恒：西方人更多讲爱。这种孝既是敬，也是爱。西方人愿意把爱放在口头上，但我们是要求不光要放在口头上，还要放在行动上，更要发自内心。这种爱和孝也是爱心的最好的表达，完全是带着和颜悦色去做的。

做到孝敬不容易，要做到和颜悦色地孝敬更是难。我们一般人以为孝敬就是给点钱，打个电话，买点东西，常回家看看这么简单，这些都是外在的要求。

虚白：太表相了。

学恒：除了这些表象的东西，一定要发自内心地孝敬自己的父母，而且还要表示出来，还要让父母觉得没有一点勉强的意思，这个才是真正的孝。如果我们平时不学论语，在孝的问题上就会跟父母很随意，或者给点钱买点东西，或者随便问候一下。把孝敬当成程式化的东西，而且只限于逢年过节这么做。这样理解是不对的，所以孔子讲敬孝实际上是对我们提出了很高很高的要求。

虚白：让孝在我们的内心世界安了个敬根——敬爱之根，也就是仁在孝这方面的体现，仁孝仁孝，仁在很多地方都有体现，比如你与国君之间有体现，跟朋友之间交往有体现，而跟父母之间的体现就是敬。

仁是做人的道，这个道在不同的方面表现出来分别又有不同的精神，在父母这方面，仁就是敬、就是尊。

孔子紧跟着说“色难”，究竟是什么难？孝的那个根是很难的，因为人有一颗仁心是很难的。这就让我想到《尚书》中大禹谟讲“人心惟危，道心惟微”。人有一颗欲心，人的这个欲心很险恶，这是人心惟危。但人还有一颗道心，但是道心太难发现了，惟微，微小的微。敬是发现自己的道心和坚持这种道心的一种修行手段，敬也是我们在管理当中应该对员工经常要求的。

“敬”其实通“净”，干净的净；也通“静”，安静的静；还通“竞”，竞争的竞。以前我们竞争的“竟”字上面本来是个“音”下面是个“人”，是人腿的象形，代表人在走。“音”在古代含有平衡、和谐的意味，所以古人在竞争时仍然要强调平衡与和谐。

（“竟”甲骨文）

曾伟：其实竞争就等于既要争，又要合，我们讲的既要斗争，又要团结，团结中达到斗争，斗争中达到团结，并不是一味的对抗，竞争这两个字实际上是很有讲究的。

虚白：对。不过我们后人就把“音”里面的“一”给去掉了，变成了“竞”，这就不平衡了，因为里面的“一”代表了平衡。

“竞”和“竟”在甲骨文里都有，“竞”的上面是个“言”，如此一来，本来和谐、平衡的“竟争”变成了天天跟人争吵。

生命因“孝”而永恒

曾伟：下面我们接着讲第八章。

子夏问孝。子曰：“色难。有事，弟子服其劳；有酒食，先生馔；曾是以为孝乎?”

虚白：弟子就是子女，先生就是父母。就是有了事情，就出力操劳。有酒食，就为父母奉上。“曾是以为孝乎?”难道这就算孝了吗？这是个反问，意思就是这些根本不算孝，因为这跟“至于犬马皆能有养”是一个道理。算是对上面的更进一步的解释。

曾伟：那色难的意思就是要一个人保持很好的心情是件很不容易的事情。

虚白：对，很难的。

曾伟：那么作为子女要做的事情恰恰就是应该让你的父母经常保持一种好的心情，因为这很难，但恰恰是你应该做的，而不是只在他有事的时候你去代劳，或者说有酒食给他吃就算是孝了，真正的孝是让你的父母永远保持一种开心的状态。

虚白：但孔子在这里并不直接从父母的角度出发，不直接谈父母的心情，而是直指孝子的内心。甚至你的父母可能是不慈的人，他们可能都像舜的父亲那样，但是我们不管父亲如何，都只应该要求自己。

在任何时候都应该孝敬父母，这就是中国文化跟西方文化不同了，因为西方在近代工业出现之前是有人身依附的，而中国从来没有人身依附，人是自由的。所以中国是世界上五千年来唯一的一个“大公大私”的国家。大公，天下为公、天下大公。

但说到个体，又没有谁比中国人更知道个体的重要性。西方人讲个体是因为他们享受不到个体的自由，中国人不谈个体，因为个体自由太充分了，反倒是个体自由太充分的一个民族天天喊天下大公。

我经常说，一个城里的打工者操的都是总理的心，最底层老百姓操着总理的心，全世界不就中国人是这样吗？天下兴亡匹夫有责的教育深入人心，它表达出来就是这样的大公，这是不得了的一个民族。

但是他们又绝对保持着内心的那块自由，从身到心他们都是自由的。过去人们想做官就做官，想辞官就辞官，就像陶渊明那样，而且人们自古以陶渊明为榜样，只要你个体的精神通达，你就是我们精神的榜样。孔子也是这样，乘桴浮于海，讲的都是这种精神。

这种精神西方人是看不懂的，中国人今天也快看不懂了，因为什么呢？他们不知道自己的老祖宗活得多么舒畅。

我们人与生俱来的一颗敬心由于个人的欲望、后天的欲望给慢慢舍弃了而我们却不知道。现在的人孝敬父母时就说凭什么我孝敬你？我哥哥怎么不孝敬？我刚给你递完水怎么又要？各种各样的怨言全来了。

曾伟：我觉得孔子这段话连起来的意思应该是：让父母有吃有喝，而且替父母去做事并不是真正的孝，真正的孝应该是你始终和颜悦色地对待父母。

学恒：在行孝的过程当中要做到和颜悦色太难了。

曾伟：正因为难，所以做到了才是真正的孝。

虚白：孔子说色难，是说这个东西很难做到，孔子没说为什么很难做到，因为前面一段就回答了——持敬之心太难了。

学恒：孔子确确实实把人心，把人最本质的东西给讲出来了，但越是觉得难就越能体现你的孝到底做到什么程度了，是真孝还是假孝。

曾伟：我发表一下我的观点，我觉得这几处都讲孝，我的感觉孝不能仅仅当成一个动词看。为什么孔子在《学而篇》里头把孝的观点做为重点抛出来，紧跟着的《为政篇》又是把孝抛出来作为重头戏？前面讲了为政的模式，然后就马上谈孝，等于告诉你孝是实现那个为政模式的前提。也就是说，如果你要练那种管理的本事，你得从孝练起，为什么？“孝”为什么那么重要，我认为孔子是由此而解决了一个生命观、生死观的问题，任何一种文化首先都要解决生命观、生死观的问题。

“孝”这个字由“老”和“子”组成实际上就是告诉我们“老”和“子”是一体的。这是一个很重要的概念，我们一般人都认为生命是个体的，孔子首先梳理了这个概念，生命不是个体的而是整体的，父亲、儿子、孙子、子子孙孙，就像愚公移山所说的话一样的，是一个整体的生命。生命由个体变成整体，这在观念上是个很大的飞跃。

佛门修行修到最后用“空”来解决我们这种个体生命观的问题。如果是“有”的话，你有你的一生，我有我的一生，你有你的身体，我有我的身体，你有你的想法，我有我的想法，你有你的感受，我有我的感受，如果在“有”的上面，生命一定是个体的。

所以佛门来得很究竟，把大家都练到“无”的境界上去——无眼耳鼻舌身意。都空掉了，空了以后，个体的生命当然就不存在了，然后“觉”又还在，这个时候生命就达到了一个整体，就是佛门经常讲的“净虚空遍法界是一个自己”，实际上就等于所有的一切在空的境界里融合了，自然而然成为一个整体，无眼耳鼻舌身意的整体。

所以佛门是通过空和无来突破生命的个体局限性的。这是文明一直在解决的问题，因为作为生命的个体而存在，人的感觉是很沮丧的：个体意味着有生有灭，意味着互相的竞争，意味着相互的对立，个体难免是这样的。

佛门用空和无让你突破它，当你意识到尽虚空遍法界是一个自己而不是个体时，你就进入一种个体消融的境界，那就意味着没有死了。

而孔子解决这个问题的方式与佛门有所不同。

学恒：实际上孔子是用孝这种理念把中国人最缺乏安全感的问题给解决了。但为什么要选择孝呢？除了孝是德之本，我觉得还因为行孝是每个人每时每刻，或者说从小开始就可以训练的，就是你可以拿孝来做修行。这是你无论何时何地，都可以做的事情。

虚白：在中国，人都是高贵的，都是自由民，安身立命的途径跟西方人不一样，跟印度也不一样的。所以我觉得在宗教的解法中把这两个合在一起，还是有差别的，因为佛教安生死毕竟有六道轮回，毕竟有西方世界，我们没有。

我们的儒家讲的当下我们实现圣贤，就已经是佛陀讲的西方那个圣境了，如果说我们实现了，那么当下就是天堂，当下就是西天。

曾伟：其实孔子立了一个孝的象，这个孝其实就是个"相"，是父子同体的"相"。延伸一下，父往上就是祖父，祖父再往上就是曾祖父，可以一直往上走。子往下走就是孙，子子孙孙一直往下走。这个孝一立出来，就已经在"相"上把生命从个体变成了纵向的连续体了，人就不是一个单独的个体了。

所以为什么"不孝有三，无后为大"？因为无后就意味着你把一个整体断掉了，是有很大责任的。

虚白：实际上我们现在这代人已经接近"无后"了。

学恒：从我们思想的传承来讲，从文化的接续上来讲就是"无后"。

曾伟：我的意思是孔子用的方法更简单，他用了一个直观的方法，让你知道生命是整体的，生命是连续的，生命不是个体的，要超越自己。

虚白：这是儒家的一个安身立命的法门，其实这个法门在人面对生死时是有缺陷的。比如说做圣贤要三立：立功、立德、立言。但对于普通老百姓是没有意义的，生死仍然是突破不了的，所以这个门仍然不够宏大。

曾伟：虽然不究竟，但它开了个方便之门，它至少让一般人能够在很通俗的情况下，不用练功夫，不用去打坐就可以对个体生命超越一点点，因为只要你想起自己的父亲，想起自己的孩子，就多多少少会对你的个体生命超越一点点。

所以我认为孔子的方法不究竟，但是实用。我觉得儒家的学问就在于它的实用性。

虚白：孔子的究竟不体现在孝上。孝是对一般人说的，是对社会的道德约束，它是带有个人道德情感，或者说带有宗教道德情感和社会公德的含义在里面。而究竟的东西是一点社会公德都没有的，纯粹是个体生命的无限张扬。

曾伟：它不是最终的解，但是它是个入处。因为我觉得孔子时时刻刻想到在我们普通人活着的同时，给我们一种道德上的支撑，让普通人也树立最基本的道德感，成为一种精神的生命体。我觉得这是一种非常大的慈悲。

虚白：孔子讲为政以德，然后这里又讲孝，讲家庭关系，其实都是一以贯之的，仍然是解决怎么才能做到敬的问题，仍然是要你去除自己的私欲，修自己的那个道心。同样，还要去掉自己的欲心。

曾伟：对，修什么也好，怎么样也好，人们必须要有对个体生命的超越，不能把生命仅仅看成是个体的，这是我理解的孝的第一个意思。第二，他让生命不是短暂的。

生命有两个局限：第一，个体，我们每个人都觉得自己是一个一个的生命；第二，短暂，一生不过百年，很短暂的。这也是人们很困惑的，有生有死，让人想起来就沮丧，想起来要做很多甚至可能错误的事，还不如今朝有酒今朝醉、及时行乐就好了。

虚白教授刚才讲六道轮回，你看《六祖坛经》你就知道六道轮回是今生今世，不是来生来世。在佛门修到一定的境界你就知道，其实没有死后的轮回。在佛门修到一定境界的人知道生命是永恒的，就像高速公路开的车，车不会重新上，因为它就没下过。轮回其实也是有生死观的，也是没有修究竟的，修究竟以后没有轮回。

我的意思是生命其实就是永恒的，但常人怎样才能体悟到这一点呢？很难！孔子作为一个体悟到生命本质的人，为了让常人也能哪怕体会到一点点永恒感，把“孝”立在了中华民族的魂上。一个“孝”字突破了生命是个体的困境，也突破了生命短暂的困境，因为子子孙孙，无穷尽也。

孔子的法门很形象、很通俗地把生命是短暂的、个体的这个人类最大的难题帮我们解决了，让我们一下子就找到了一个入处。假如你深信不疑、一直沉在这种情景里头的话，你的那种短暂感、个体感真的会消失。

我们为什么只要孩子好什么就什么都可以付出？真的是觉得生命在延续。在这种生命的链条中，生命的那种短暂感马上就开始消融了。

我不能说这里确确实实地找到了答案，或者说悟到了实相，但是他让人朦朦胧胧地感觉到了。“孝”让中国人在生命个体的短暂性这个问题上有了一丝温暖。

虚白：您说这个是挺对的。中国人有一种乐土观，怎么才叫乐土？怎么建立？如果人人都孝，就由一个个纵向生命构成了中国人的乐土世界。

孝是孔子对中华民族的人文关怀，如果我们是个孝的世界，就是人活在乐土，人活得是有趣味的，即便无儿无女都有趣味，所有人都老有所终，都有趣味，不是说无后我就没趣味了，仍然有趣味，这社会还是会老有所终。

所以孔子那个乐土境界和人文的关怀，一定诞生在一个自由精神、贵族精神非常高扬的时代。孔子说当时已经礼崩乐坏，那如果不礼崩乐坏，社会会好到什么程度我们简直无法想象。齐桓公争霸完了之后有五条誓约，其中一条誓约就是别国的人到你这儿来了，你若对人家不好，我们都要组成一个集团去讨伐你。这在孔子看来都已经是霸道了，那王道得好到什么程度啊！

我说周跟殷的最大差别就是周非常强调人文关怀，所以孔子把它当作一种理想模型。其实周公什么样他也不知道，他还天天梦见跟周公对话，真的是一种精神的感通了，周公在那他里已经是一个神了。他通过跟神的对话来加深对人文的理解，然后再教化世界。

其实我们去拜佛时见佛在我们身边是真的能出现的，这就是感通到了。所以你谈王道它就是“孝”感通到了王道，如果“孝”感通到了，我们就是一个人文的世界、一片乐土，这就是中国人的大境界。中国人最大的境界是什么呢？就是儒家的文化境界，这是很美的，它确实不究竟，但是当你去追求圣贤的时候，它就究竟了。我说孝不究竟，就是孝并不能完成孔子那个大的境界。

中国人很有意思，古人看自然，一定要写很美的词，人与人的关系，一定要写那种情感至深的词，这就是中国人的境界：人与自然、人与人都追求这种和美。和美从哪来？孔子说都是因孝而来，因敬而来，我们要把孝心的根——敬安上了才可以。“敬”的心安不上，这个乐土是不存在的。

曾伟：“孝”和“笑”其实也是可以同义的。意思就是你突破了生命的瓶颈，你的生命其实就是欢笑的。

虚白：这社会就是乐土，乐土就是大家都孝。

曾伟：你突破了生命的瓶颈以后不觉得是个体的了，不觉得是短暂的了，当你体悟到这一点，心里就会升起这种喜悦。

虚白：对，你看肖、笑、消，它都是好多音，肖加个三点水就变成了消，阴气在我们身体中沉降为“消”（虚极），阳气从我们身体中升腾滋长为“息”（生息）。怎么样才能快乐呢？沉降阴气，滋长阳气，像我们修佛法、修道家功夫其实就是人的那种升浮，在空中飘着的那种感受。就是此时此刻你突然境界开了之后，会感觉到身体的束缚没有了，身体如“失重”状况，那种快乐难以言表。

孔子与颜回

虚白：第九章。

子曰："吾与回言终日，不违，如愚。退而省其私，亦足以发，回也不愚。"

这里展示的是孔子的观人法，观人是孔子教学时的一个重要方法。因为一个人的内心一定会通过外在的相表现出来，在孔子面前，学生们的内心是无法隐藏的。所以我经常说中国相人术的老祖宗是孔子。

孔子在教学后会在私下看学生们的言行举止，而颜回从老师那学完后还能够举一反三，"退而省其私，亦足以发"。孔子认为这是颜回了不起的地方。

曾伟：而在这之前，孔子却说"吾与回言终日，不违，如愚"，意思是：你跟颜回聊一天下来，他都会像傻子一样听你说话。

虚白：那你就搞错了，《论语》中记载的孔子与学生的对话大都谈一两句就结束了，只有与颜回能够"言终日"。所以，不管颜回的态度怎样，孔子能与颜回说一天，就足以证明颜回非普通人也。

学恒：颜回在儒家的地位是不逊于孟子的，人们首先讲孔颜，后来才叫孔孟，可见传承孔子衣钵的本来应该是颜回，只是他早逝了，也没留下什么著作。

"不违，如愚"我的理解是指在老师上课的时候他不会心猿意马，不会一心以为鸿鹄将至，也不会卖弄、故意出风头，他不好表现，而是放空自己来学习。

虚白：这个“如愚”也并不是说颜回像个傻子，因为孔子不可能对着一个像傻子的人讲一天的课，孔子一定能从颜回的神情里看出来他是真的理解了，所以他才能继续往下讲。所谓的“如愚”只是相对于那些喜欢表现自己聪明的学生而言的。

学恒：从学习效果看，颜回在课下跟其他学生交流或看其私下做事的时候还能把刚学来的东西进行进一步的发挥，这是让孔子备感欣慰的事情，所以他感叹“回也不愚”。

曾伟：前面“如愚”，后面“不愚”，其实就是大智若愚。

虚白：孔子这么说话是很讲艺术的，他这么说也是在反衬别人的“愚”。谁愚？是那些理解不了的和自以为聪明的人愚。

“足以发”就是在对老师讲的东西完全接受的同时还能有所拓展，使老师的意思表达得更充分。

其实孔子在看到颜回“如愚”的时候就已经知道颜回是真正理解了，只是在“退而省其私”时再加以印证，发现了颜回还真能“足以发”。

学恒：这句话前半段实际上说明了颜回对老师的“敬”，正因为他敬老师，所以才能全心全地去倾听老师的讲解，倾听得像个愚者。颜回是个孝子，那体现在这里，就是一个“敬”，这是从前面的“孝”一路顺下来的。

虚白：其实后面孔子讲“温故而知新，可以为师矣”，说的也是颜回，因为“温故而知新”就是“足以发”。很多人不但做不到温故知新，甚至还把“故”给越温越少了。

孔子在这里既讲了做学问的方法，又讲了如何观察人。他首先是在讲课时要观察学生如何听课，在课后还要观察学生如何消化所学的内容，这样才能真正明白这个学生究竟学到什么程度，以及这个学生真正的品性。

心净才能察

虚白：第十章。

子曰："视其所以，观其所由，察其所安。人焉廋①哉？人焉廋哉？"

孔子接下来更加详细地讲观察人：看他在做什么，了解他做事的根据由来，考察他的内心是否安定，那么这个人就没办法有所隐藏了。朱熹对这句话的解释就比较有意思，他认为"观"比"视"更详细，"察"又比"观"更详细。

曾伟：实际上就是分了三个层次。

虚白："视"不是简单地看，也是要有功夫的，其实很多人都是视而不见的，圣人在他身边走过，他都不知道：孔子在世时有多少人错过了孔子？佛陀住世时又有多少人错过了佛陀？大革命时，又有多少人错过了共产党？

很多人就是看见了也不一定知道是怎么回事，所以"视其所以"在孔子这也是功夫，"视"其实是个功夫。"视"在甲骨文中表示眼睛上边有天地日月星。"视"字的左边与"祭"的下边是相同的"示"——指代天地日月星。所以我们"视"的时候是概观。

（"视"字甲骨文）

① 廋：音 sōu，隐藏、隐瞒之意。

“观其所由”的观字：观”字在甲骨文中是猫头鹰的象形，猫头鹰晚上视力特别好，所以我们在说“观”的时候就比“视”要聚焦一点、更细一点。在猫头鹰的象形中，连猫头鹰上面的角都看得很清楚。观其实就是要求细节：我们只看一下是不行的，还要看到细节。所以“观其所由”就是看到一个人的动机或一件事的缘由。这要求我们从细微处、从最难发现的地方看他做这件事的依据是什么。同样一件事，君子这么做了，小人也这么做了，但君子和小人的依据是不一样的。

（“观”字甲骨文）

（“观”字金文）

“察其所安”的“察”，下面是祭祀的“祭”，上面是个房子，实际上就是在家里祭祖。在家里祭祖与在外面墓地祭祖不一样，在家里是对着祖先牌位祭祀的，内心是很清净的。

（“察”字小篆）

（“察”字金文）

曾伟：这说明“察”的时候是人与祖先之灵沟通的时候。心是静的，而且是无形无相的感应式的沟通。

虚白：用“察”的时候人们内心那种澄净就出来了，心与心的那种感知就出来了。我们人在“察”时，对事物就“看”得更加详尽了，因为是用心来察的。只有君子之心、圣人之心才能做到“察”，一个普通人或一个小人没有“察”的能力。所以“视”、“观”、“察”是一步步递进的能力，是人们德行的进步所带来的能力。

君子之心、圣人之心才能“察”，所以圣人和君子也只有圣人君子才能看得到，小人、普通人其实是看不到圣人君子的，所以，在他们的眼中，这个世界就没有君子，更没有圣人。

曾伟：小人看不到君子，真如同阿罗汉看不到菩萨、菩萨看不到佛，但是佛能看到菩萨、菩萨能看到阿罗汉。小人眼前无君子，因为他根本就看不到君子，确实如此。

虚白：所以，凡说孔子是伪君子的人首先他就是个伪君子。若你能看到孔子是圣人，那是因为你看到了自己是个圣人的种子。

曾伟：所以我们把《论语》解出来时也看到了孔子的境界，虽然我们没到，但至少是奔着这个方向了。

虚白：心向往之，尽管只能高山仰止。

学恒：我们如何观察外部世界，实际上映衬出的是我们的内心，就是说你内心世界是什么样的，你看到的外部世界就是什么样的。实际上这也容易暴露自己的内心，本来想察别人，反倒让别人给察了。

曾伟：但前提是：他的境界要在你之上。因为只有这样他才能察得了你呀。

学恒："察其所安"的"安"字，可以理解成一个人对自己的定位。比如要了解一位员工就要知道他容易满足于什么、他把自己定位在什么地方、他把自己心灵安放在哪里、他的目标在什么地方。"察其所安"是识人术里面很重要的一层，在公司里，了解一个员工的追求，了解员工对自己的定位，是用好一个员工的前提。因为这样就知道让他去做什么样的事容易做好，让他的追求跟公司的目标结合起来。这其实是"察其所安"的实用之处。

虚白："安"有心"安"何处的意思，也有心是否"安"的意思。我们可以从他的心是否安而进一步"察"他心安何处。假如一个人做事显现出来的动机很好，但他却患得患失，焦躁不安，就说明这不是他的真实动机，这就需要我们用心去察了。

曾伟：一个人想做某件事，但心却不安，这说明他自己并不真的喜欢这件事。这种情况可能有时连他自己都搞不清。所以，“察其所安”是指只有一个人非常的清净，才能体察和感应到自己和他人内心真实需求。这种最本质的需求才是一个人的心安之处。

虚白：“观”取了“视”右边的“见”，“察”取了“视”左边的“示”。取“见”表示内心无碍，取“示”表示内心澄净。所以这里用“视、观、察”这三个字是非常有深意的。

“视”是要用心的，如果只用目不用心，就算你看见了也不知道，就是视而不见。所以“视其所以”就已经很不容易了，你只看到人的所作所为就想把人看懂是很不容易的。

到“观”又进了一步，要内心无碍才能观，才能观到他做这件事的缘由。

到“察”的境界就更高了。到“察”的境界就不用眼睛而是完全用心了，完全靠心和心之间的体会。就是必须我心安，我才知道你的心安不安。你内心的不安是直接在我澄净的心中“映”出来的，就像宁静水面的倒影一样。而两个心不安的人在一起就会谁都看不懂谁。若两个小人碰到一起，两个人谁不知道对方是小人。

但是君子看小人就清清楚楚了，而圣人看君子也清清楚楚。所以若是你接触的人多了，就能将人们之间的层次看得特别清楚。就像我老跟学生们在一起，我看他们看得特别清楚，也特别有意思。学生之间也有个带头的，那个带头的一定是他们里面悟得比较好的人，当大家都想开悟的时候大家就会跟着他，有什么问题就问他。而那些悟性不高的学生想明白了什么问题就去请教他，然后再回来问我他理解得对不对，我再去做解释。

在这样一个悟道的集体里生活，你会切身感受到孔子与弟子之间对话时的情景，那种感觉特别好，这是只有身临其境才能感受得到的。而现在那种教授天天斥责学生的师生关系，使学生不愿悟道，老师也不可能悟道。这种师生同修的关系非常重要。

学生提问，或者跟你说自己最近有什么体会的时候，我也是眼前一亮，我对某些东西的想法也打开了。想法打开之后再跟他解释，我就会觉得特别有意思。这就让我想起孔子跟他的学生、程朱跟他们的学生、王阳明跟他的学生之间那种关系，满满的真，满满的信，涵括其中。

学恒：这种老师带学生的方式有个最大的好处就是教学相长，当然首先要求老师的水平足够高，境界足够高。那么多学生，他们可能想到些你没想过的问题，但是当他提问的时候你能马上就回答他，这就要求老师的水平和境界了。这也是当老师的好处，只要这个老师是足够用心，有足够的智慧，这种教学相长对他的促进就会非常大。

虚白：那么谁的温故知新能力最强？是老师，因为别人一问，他就温了一遍“故”，并能展开一层“新”，所以说“温故而知新可以为师矣”。

心安在“空”上

曾伟：关于前面几段我谈点看法，我觉得“吾与回言终日”这句话是在谈“学”。因为从学到觉就相当于在讲“道之以德，齐之以礼，有耻且格”这个管理模式是怎么实现的。当然虚白讲识人也是很对的。

孝为德之本，这是一直扣着前面主题的，因为有了孝作基础，德就有了，那么这个功夫怎么继续练呢？这就需要从学到觉了，所以接下来这一部分是讲“学”的过程。于是孔子拿颜回来做比喻，要大家看颜回是怎么学的。之后这一段是最精彩的——“视其所以，观其所由，察其所安，人焉廋哉？人焉廋哉？”

为什么精彩？因为它把修行的次第讲得清清楚楚，我们看“所以、所由、所安”这三所，“所以”是指当下，是指一个果，而“所由”是指因（由），是指缘（由）或缘起。

“视其所以”是指把相看清楚，你首先要看得清表相或呈现在你面前的结果是什么，这用的是眼睛、视觉，因为它是在相上呈现出来的。也就是说这是一件用五官来感知的事情。

“观其所由”在我们佛家叫“观缘起”，就是要了解它为什么呈现这个相，找到它的因缘。这就不是仅凭视觉能做到的，就像虚白讲的，用猫头鹰的眼睛来看。猫头鹰的眼睛是个比喻，我的理解是指在夜晚也能看清东西，因为夜晚没有相了，而你还能看清，那就意味着你能够透过这些“相”看到它的“性”，就是我们经常讲的透过表相看到本质。

从“视其所以”到“观其所由”是一步一步往里走的过程，是个练功夫的过程，并不是谁都能够具备一双猫头鹰的眼睛，那是需要练出来的。三个阶段表示不同的状态，而很多人只能看到三个阶段中的一个。这种状态是练出来的。

虚白：也是修出来的。

曾伟：对，实际上孔子在讲修的经历。“视、观、察”都是修出来的，并不是说你知道了就可以做到。“视其所以”已经是一个功夫了：若一个现象在你面前，你连“相”都看不清楚，那么细节你就更看不到了，它的整体和背面你也无法看到。

再往下进一层就是观它的因缘、缘起了，这就更难了。这要离相才能见它，这就叫“观”，因为他要用猫头鹰的眼睛在无相的地方见到真实，由真相到真实。所以我觉得“视其所以”是指真相，“观其所由”是指真实，是看到它的因缘，看到它的缘起。

“察其所安”就更进一步了，不仅仅是观缘起了。如果说从“所以”到“所由”还是由相到因，那么“察其所安”就已经到“空”了，“安”是它的“空”，是这一切因缘展现的空间、场所、背景。

你只有知道一切事情是在什么背景下发生的，并能把它的背景都觉知到，才能看清一个人、一件事。就好像你对于一个人的家庭背景、他小时候的经历等各种各样的情况都了如指掌，再来看他的所作所为，就看得明白了。

“安”实际上是指它的处所。我们人在哪里安？家里安。为什么？因为那是我的处所、我的住所以及我的背景。“察其所安”就是了解一切事物的背景，而这个背景无论用视还是用观都达不到的，必须要用察。“察”是什么？就是用心去感应，去掌握这个背景，这是到达空的境界，从“有”到“空”。从相上的“有”到性上的“空”。

什么是背景？背景是产生一切相和一切因缘的“无”。《道德经》说：天下万物生于有，有生于无。所以任何有形有相的东西，它最终产生的背景一定都是那个无形无相的存在——“无”。但这个“无”和“空”却是“能生万法”的。六祖慧能说：“何其自性，能生万法。”自性其实就是空性。“空”生“万法”。

其实，人的“心”一定要在“空”的状态下才能“安”，心中“有”事，心能安吗？要到达那个“安放”我们那颗心的“空”，非得用已经“空”掉的“心”去“察”不可。

人们识人从用眼睛，到用思维，再到用心，就是由现象到缘起，再到它的背景的一步一步学习或练功夫的过程。“人焉廋哉”表示也没有什么事情能在你面前藏得住了。这句话孔子强调了两次，就是提醒你练这个功夫的重要性。这跟佛门讲的很吻合。

虚白：“察其所安”的安，还有另外的意思，就是察这个人的行为是否符合人道，只要安的人就是人道，不安的人就是私欲。

曾伟：安的人是合天道的。

虚白：是的，就是人合天道，这里叫人道。合人道的就叫安，不安的人就是私欲缠身，就是想得太多。所以你刚才讲的非常对，就是安在这里，这里就是人道。这其实跟佛法也是一样的。

刚才把“所以”讲作相，就是大象的意思，你看都是相这个音，但“象”是谁都能看懂的吗？“瞎子摸象”的故事告诉我们：不是谁都能懂象

(相)的。想要一看相就能明白，要有《周易》的大功夫，修完《周易》后，相往那一摆就能看明白。《周易》的第二个功夫就是看完这个相后，马上就能知道里面的相互关系。

曾伟：这是观缘起了。

虚白：这就是“由”，说的就是坤卦里的“履霜坚冰至”，就是你一定要知道事物发生的最几微、最深的那个窍门。你一定要发现“常有”，就是“常有欲以观其妙，常无欲以观其徼”，这个就是“所由”的东西，其实能够看到它是很难的，正所谓道心惟微，太微。

曾伟：不在相上。

虚白：对，不在相上。微妙，这个“由”已经无形无相了。

曾伟：特别是这个“安”，这样解应该就对了。就像学恒讲的，是它的本来、本体所在，就是那个最根本的存在。

虚白：所以中国人讲安家、安心。

曾伟：一个“安”字是很究竟的，最后人图的就是那个安。所以我跟师父讲“生命的方向是永恒，永恒的方式是安心，安心的方式是离相”，师父听了很高兴。

学恒：大学之道也讲这个安。

虚白：是的，所以中国人有时会把“安”和“定放”在一起用，就像北边的安定门，因为北边主水，是最危险的，所以在那安了个门，叫安定门。

曾伟：天安门——中国人心中最大的门庭。

虚白：让天给我们安心。

学恒：“知止而后能定，定而后能静，静而后能安，安而后能虑，虑而后能得”，这是《大学》开篇就讲的。

曾伟：学恒刚才讲的这个顺序里面，“安”是一个转折点，不单是普通的环节，是从止到得的过程当中的转折点。

虚白：这两个观人法里有一共同点——都是安法，都是静观法。都是静静的，观察者的心必须静静的、安的，观察者就是用心而已，没有私念。

学恒：就是以静制动。

虚白：一个好的人力资源老总，就是心很安的人。

曾伟：一个好老板也一定是一个心很安的人。什么样的好人都应该是心很安的人：一个好官，应该是心很安的官；一个好老师，应该是个心很安的老师……凡事都如此。

虚白：是的。所以中国人有时会把人或地方起“静安”这个名字，比如王国维，字静安，上海的静安寺、静安区等。

静安静安，静才能安，安才能静，所以很有意思。

“故”是生命的种子

学恒：我们再看《为政篇》第十一章。

子曰：“温故而知新，可以为师矣。”

“温故知新”这句话我们经常使用，只是大家可能没注意到后面这一句“可以为师矣”。

虚白：对，这句话说的重点在“师”。在孔子的眼里，“师”的地位是很高的，因为“师”是教化别人而且要不误人子弟的。但是大部分人不能为师，因为大部分人不能够做到“温故而知新”。

学恒：不能够温故而知新却当着老师，真是好为人师！

虚白："温故而知新"里面的"故"和"新"，分别代表过去与未来，也可以理解为以前的知识和对知识的扩展。"温故"而不"知新"，复习完过去的却不能知道未来要发生的，就是预见能力不足。学知识是为了能够预见，你没有预见能力，不能知道外面要发生什么，听不到外面的声音，这是一件很糟糕的事，这就意味着危险来了你不知道，机会来了你也不知道。

有些人是有推演能力的，圣贤会推演，君子也会推演，但不是所有人都会推演。不会推演的人再聪明也不行，因为人生是有限的，就像庄子所说"吾生也有涯，而知也无涯。以有涯随无涯，殆已！"

但是有一种生命会常新，就是"温故而知新"，能够常新，不断地有创见，不断地有所发现。这样，人的生命就有了不断的活力。在历史的延续中让"故"与"新"形成一条流淌不断的文化长河。

学恒：这就是"温故"与"知新"的关系。

虚白：对，我们讲"天、地、君、亲、师"，在民间，家家要供奉"天地君亲师位"。为什么要把"师"放在神位里面？因为这是任何一个国民都该尊敬敬仰的。"亲"是父亲母亲，这肯定要尊敬的；在现代，君就是国家，爱国是中华民族精神的核心；天父和地母，也因其神圣而获得无比的尊敬；最后把"师"放在里面而没放别的职业，就是因为只有"师"能在"故"与"新"之间的历史长河当中完成这种文化传递。

我们可以回首几十年前的过去：师道尊严被批倒之后，中国经历了多大的灾难；教育一旦不兴，这个民族又会经历多大的灾难。孔子对"师"的重要性看得很清楚。因为"师"能推动故与新之间的长河流淌，形成创新的力量，推动我们这个民族不断地发展，不断地扩大，不断地往前走。

仔细看一看"天地亲（国）亲师"这五大要素中的每一要素：天是主创造的，但总得有人去实践；地是主宽厚的，也得有人去实践；国是我们民族存在的地域基础，在创新上并不代表更多的意义；亲，是我们孝敬的父母，给了我们赖以存在的生命，但也不能替我们去身体力行。

最后就是“师”。弘扬天地之道的是师；弘扬国家和民族精神的是师；让双亲达到乐土的也是师。这个师其实是圣贤之师、君子之师，不是普通的老师。这样的师，其历史地位和价值才是可以与天、地、国、亲相比拟的。

曾伟：不过我从这句话里感觉出了另外的东西，这里一方面讲了做老师的条件，一方面也讲了师的意义。但是我还有另外一种理解，就是只要你能温故而知新，你就可以是一个师。

每个人都有一种内在的生命力，这种内在的生命力是生生不息的。一个人过去可能是一个低能级的状态，没有资格为师，但如果他能够温故而知新，让他生生不息的生命力时刻绽放出来，这样的人就可以为师。因为他拥有对于别人来说是新的东西，可以帮到别人，指导别人。孔子是在告诉我们，为师的关键在于你保持这种“温故知新”的心态和状态。

虚白：你的这个讲法让我想起孔子另外一句话：“三人行必有我师焉”。

其实很多人把这句话给理解错了，此话并不是说三个人在一起旅行，必定有人是我老师，因此做人要谦卑虚心。孔子的意思是，只有在悟道有得之后才能做到“三人行必有我师焉”，才能择善而行。因为别人都是“故”，而孔子总能在其中发现“新”，所以孔子才是师，才是真正的圣人。只有君子圣贤才能做到“三人行必有我师焉”，小人是不可能的。并不是说人人都可以为师，其实不是，为人师是很难的。同样，从他人身上学到仁善知识，也是很难的。

曾伟：孔子认为的为师条件是：只要你温故而知新，你就有不断的创造力，就有能让别人学习的东西，就有为师的潜质和资格。

虚白：“温故”是指温习过去学习过的那个道，“故”就是那个道。“新”也是指大学之道，就是“在明明德，在新民，在止于至善”的新。孔子认为，在这样的故和新之间要由“师”去完成这样的传递。

"温故而知新"就是人在过去、现在和未来这条历史长河中不断地创造、发展，这是道，"明明德"，师使这个明德越来越明。所以不是谁都能为师的。

曾伟：佛门讲：人人都有佛性，人人皆可成佛。但现实中成佛是很难的，这个世界上有几人能成佛？那佛陀说这句话的意义何在呢？首先，佛性的确是人人都具备的，这是事实。其次，我们深信自身的佛性，才会不自沉沦，才能去修行，让自己的生命力绽放出来。即便成不了佛，让生命活得更有意义也是好的呀。

虚白：您是从可能性的角度去谈这个问题，我是从现实性去谈这个问题。只有圣贤才能看到人人皆可以为圣贤，也才能够从正反两方面看到促进自己进步的力量；凡人只是知道这个道理，却看不到这个道理。看到了才不沉沦。

曾伟：因为我想看到孔子对生命的赞扬，对生命的慈悲。人性其实是很美的，是能够达到很高境界的。就像我师父大愿法师经常讲的：要开发我们的灵性生命，由物性到感性、到理性、到灵性，最后再到空性。尽管走到灵性非常之难，走到空性的人更是寥寥无几，但人们依然应该往前走，前行者就是后来者的师。从头至尾都靠佛来渡化大家也不现实呀。

我认为孔子在这个地方是给了我们一幅美好的图画、一幅前景，就像六祖慧能讲的"自佛不归，无所依处""迷时师渡，悟了自渡"。说来说去，还是要归到你的自性佛上去。尽管并不是现实中人人都成了佛，但是一听"人人都是佛"这句话就会觉得温暖，所以我觉得孔子同样是来温暖大家的。

虚白：孔子说"三人行必有我师焉"，多慈悲。

曾伟：对，其实我觉得您的总结是对的，只是我是从可能性上，而你从现实性上。

虚白：是的，"三人行必有我师焉"，别人一听都暖暖的，让人觉得圣人都以我为师。给大家讲个小插曲：爱因斯坦的邻居是一个母亲带一个小女孩，爱因斯坦每次回来都在街心花园跟小女孩聊天，每次都聊很长时间。某一天，小女孩的母亲发现女儿跟爱因斯坦聊天后，感到特别惶恐，连忙说："我怎么能让小孩子耽误您的时间呢?"爱因斯坦说了一句话："您不必这样，其实小女孩带给我的比我带给她的多得多。"由此可见，爱因斯坦就是一个大开悟的人，你不要以为他只是个物理学家，当你看过《爱因斯坦文集第一集》你就会知道这点。因为小女孩与他的聊天能够撞击到他的心灵，让他的思想不断发散。

曾伟：小女孩的天真、佛性会传染给你，这是一种能量，而不是知识，也不是信息。

虚白：这就是"三人行必有我师焉"。所以我觉得一个时代里如果没有这样的师是很悲惨的。从文化进步角度看，中国近现代有两个时代十分值得怀念，一个就是20世纪30年代，大师频出，我们称为民国人物，像陈寅恪、王国维、赵元任、梁启超这清华四大导师非常了不起。我喜爱国学，也是这么一代代承继下来的，从陈寅恪、钱穆那一代大师传到刘桂生、钱逊那些大师手中，到我们这儿，是第三代了。所以我是有责任传这个道的。还有一个时代就是20世纪80年代，80年代的大学很进步，带来的创新是非常丰富的，80年代的大学生也是改革开放后最有历史责任感的一代大学生。

学恒：这也说明作为老师，如果你没有创新，只知道照本宣科的话，就不是一个合格的老师，特别对现在我们的大学老师来说。

曾伟：孔子的话反过来也可以理解成：没有创新能力就不叫老师。

虚白：说不好听点，我们现在教给学生的能力在递减。就像九斤老太说的"一代不如一代。"

学恒：这也是个很有现实意义的话题。而且孔子在这里还有一个观念要传达给大家：创新的基础在温故。做过博士论文的人都知道，博士论文要有创新点，但是首先你得把前人将这个论题进展到什么程度了以及创新到什么程度了做一个回顾、温习，然后才谈得上创新。

曾伟：如同那个孝，一代一代，代代相传。

学恒：创新不是平白无故的。人们常说“万丈高楼平地起”，这是错的，当然更不可能从空中起，一定要向地下深挖，楼越高，脚桩越要深。

虚白：孔子所有的论述都强调一点，就是历史的累加性和个人的实践性之间的关联。

学恒：我们现在经常讲孔子克己复礼或者信而好古，好像孔子总往后看不往前看，对孔子最大的误解莫过于此，人们觉得孔子过于复古了。人们会认为复古还怎么创新，认为复古跟创新没有关系。

虚白：“天地君（国）亲师”是以“国”为中心的。我们在“文革”的时候说“战天斗地”，先把天地打倒了，然后“父为子隐，子为父隐”也没了，就是亲也没了，最后师道尊严也被反了，师也反掉了，国不就孤单了吗？爱国主义没有“天、地、亲、师”是难以成立的。

曾伟：国是在中间的。

虚白：对，它在中间，离开两端它就难以立住了。所以中国人是活在文化里的，但是“文革”是反文化的。

学恒：“文革”时常常说的一句话，叫“破旧立新”，这个“破”字要好好理解，不是我们原来理解的那样，是要“横扫”一切旧的东西。我们应该换种说法，说温故知新、革故鼎新、吐故纳新，这些都是讲新和旧的关系。我们的目的不是要把旧的破掉，我们要做的是旧树发新芽，这样才是正确的做法。

虚白：你这个解释特别对。“吐故”就是吐这个“故”，冒芽叫吐，“吐故”就是冒出芽来，“纳新”不仅是说有新的东西进来，而且是有新的东西长出来。容纳了这个“新”，新的生命才能长出来，其实仍然是它的营养和它的基因。

“温”这个汉字，五行属土，最中和。种子放进土里，条件适合便发芽，条件不适合便不发芽。“温故”就相当于过去的种子埋在土里，“知新”就是长出新芽。能不能长芽我们不知道，但是只有好的种子才能长出新芽，这就是教化的意义，人们也总用树来比喻教化。

“仁”这个字也很有意思，既可以表示“仁德”的“仁”，也可以表示“种子”的意思，例如核桃仁、杏仁、瓜子仁，等等，“仁”就是生命的种子。

曾伟：“仁”这个字跟“种子”同义，“仁”其实就是种子，是能不断生长、生生不息的东西。种子虽是“故”，是过往留下来的东西，但却能孕育新的生命。

学恒：“仁”是种子里面最有生命力的东西。比如杏仁，它外面的核是没有生命力的，而里面的“仁”有生命力。

曾伟：是，皮肉都被吃完，而中间的核放进土里还会重新长出新生命来。

虚白：“温故”的“故”字也很有意思，根据汉字“同音同义”的造字原则，它其实与“固定”的“固”意义相通。“故”的右边是反文，这个字形是一只手拿着棍子敲击的意思，这个字形左部那一斜就是一根木棍，右部是一个手的形状，伸下来的是胳膊。“古”音又通“鼓”，“固”是把“古”框起来，是非常稳固的意思。敲鼓激活生命，温故也是要生命常新。宋学者徐铉对《说文解字》古的注释是：“十口所传是前言也。”即口口相传、代代相传的贤圣言行。

攵（反文旁）

曾伟：代表生命是永恒的。

虚白：“固”就是“固正”，古代“固”又通借“正”。

曾伟：比如“固本清源”的“固”。所以“温故”的“故”就是生命力。

虚白：要让“故”焕发出生命，只有“师”才能做到。一般小人看到种子马上就想问能不能吃，能不能用来充饥。当一个人见到什么都问能不能吃的时候，他的道心就消失了，就只剩欲心了。他就看不到生命绵延不断的那条“道”了。

曾伟：种子不是用来吃的，它可以长出新生命，新的生命又会结出果实，结出种子，又可以成为生命的起点。懂得这一点的人，知道生命是生生不息、代代相传的。这样的人就会体悟到生命永恒的境界，这样的人是圣人，也是一代宗师。

虚白：把我们放到时间轴上考量问题，“师”就是文化与历史的继承者，所以中国知识分子肩上的担子特别重，他们做的是承载历史、宣教文化的大事。所以重视“复”“古”是非常重要的。

曾伟：“古”是种子，不断发芽、生长、创新。

虚白：中国文化讲究的就是源头活水，朱熹赞叹说“问渠那得清如许？为有源头活水来”，朱熹觉知到了这种文化的灵感和自身背负的使命感，所以才能写出这样的诗句。

“半亩方塘一鉴开，天光云影共徘徊”，朱熹读完书，往自家小池塘的水中一看，整个天空的景物都倒映其中。这是中国古人的情怀，怎样去跟天地感通？去看天。一般人抬头看天，看到东边天美，就不知道西边天美；看到中间天美，就不知道四周天美。

那怎样才能知道今天的天空如此之美呢？很简单，半亩方塘一鉴开，全部的天空都倒映在里面，一眼就能看遍天光云影“共”徘徊，只有这样才能“共”，这就是《周易》的观卦。半亩方塘跟天光云影形成了强烈的对照，人在此静观，择出自己的参照物，这是儒家的观法之一。

学恒：朱熹的全诗是："半亩方塘一鉴开，天光云影共徘徊。问渠那得清如许？为有源头活水来。"写出了豁然开朗后的心境。

虚白：这是一种文化的力量，犹如孔子看到河水流走，感叹"逝者如斯夫，不舍昼夜"，这都是文化的使命感在人身上一刹那间发出的感慨。"温故而知新，可以为师矣"，这句话看似格局很小，其实不然，它的境界和"逝者如斯夫，不舍昼夜"一样大。很多人看到"不舍昼夜"以为孔子在叹水，其实不是，这是一种与天地相感通、与历史相感通的情怀。

曾伟：感受到了生命的生生不息、生命的永恒。

虚白：整个中华文化集中在孔子身上。要将文化传承下去的使命感和神圣感、传承的毅力、知其不可为而为之的勇气，都能在孔子的这些感慨中体现出来。孔子紧跟着说出来的下一段："君子不器"更是一个大气魄，孔子一定常常以此勉励学生。

曾伟：勉励学生要活出一种生命力，达到灵性生命的境界。

虚白：是的，无形无相的世界中才会有这种源泉。一水一渠，其实只是一个小小的水面，但在修身者看来，它是感通宇宙的一面镜子。对于修身者来说，这是了不得的一种使命。

君子不器

曾伟：我们再看第十二章。

子曰："君子不器。"

虚白："器"，是中国古代国学中的一个范畴，跟"道"相对。"形而上者谓之道，形而下者谓之器"。"形而上"是最高境界，无形无相，是圣人境界；因此“器”就是有形有相，就是凡俗境界。圣人无形无相，因此“君子不器”就是说君子既不是圣人，也不是小人，君子是在追求圣人境界。但君子还不是无形无相的，如果无形无相，就不用说“君子不器”，其实君子还是常常活在有形有相的世界中的。

曾伟：但是君子追求无形无相的世界。

虚白：对。“器”就是形，一切有形的东西都是“器”。《论语》中的“器”更多指“器用”。“器”这个字是四个“口”加一个“犬”，四个“口”代表古人烧制出来的陶器，多是盛水盛饭的东西。烧制陶器在当时是高科技，因此四个“口”也就代表财富。中间的“犬”是看守财富的，怕人偷盗，这些东西既贵重又有专门的用途，所以“器”是由有专业技术的人生产出来的，反过来又用来称专业技术人员为“器”。因为“器”贵重，需要专业技术，又能换取很好的生活，因此人们自然追求“器”。

当一个人想着自己要在这个世界上过什么样的生活的时候，作为年轻人最先想到的就是“器”，就是一个好的职业或者专业，都不愿意“不成器”。但孔子说“君子不器”，意思是君子不愿意这样做，不把这当成目标。这并非说君子没有器用，其实每个君子必有一器。

孔子擅长很多事情，并且技术都很高妙，所以孔子身上有很多“器”。“器”不同于“艺”：“游于艺”的“艺”不能给人带来富裕的生活，但能让生活变得丰富多彩，让生命在这种丰富多彩中灵动起来；而代表财富的“器”其实有时候让人觉得了无生趣，每天做同样的事情，按马克思的说法就是人有点异化。

曾伟：“器”只是工具、器具。

虚白：所以自古以来文人把这句话解释成君子不能把自己当作一个“死”的东西，人是灵秀的。儒家讲唯有人是灵秀的，“器”这个字，见犬见物，唯独不见人，所以“器”没有灵性。

曾伟：四个口是四个物。

虚白：“类”字也是，见米，见犬，不见人。所以我们才说：物以类聚，人以群分。物才分类，人是分群的，因为类也是见犬见物不见人。“君子不器”，“器”最大的特点就是它一旦被造出来就是不变的，我们昨天说“温故而知新”，“器”不可能知新，因此“器”就代表不变。而且“器”我们一般指陶器，它的容量很低，如果说君子“（士）不可以不弘毅”的话，“器”首先就做不到“弘”。因此别人当你是“器”的时候，说明你再努力也很狭隘。

曾伟：这样的人是小人，量小，无大量。

虚白：所以“器”的表达很有意思，指这种人没有道德境界。

曾伟：这样的人也没有灵性生命。

虚白：是，没有道德情趣，同时也就不具有自然审美的价值基础。而君子是有这种审美价值的，所以“器”也就不成为君子生活的目标。

“文革”时将“君子不器”解读为瞧不起劳动人民，其实根本不是，这句话跟劳动人民无关：就算你每天种地，你也可以“不器”；即使你天天研究道德伦理，也可能只是一个“器”，俗称“教书匠”。

学恒：也可以有精神追求。

曾伟：人性可以分成物性、感性、理性、灵性以及更高的空性等五个层面，人们不应仅仅活在物性这个层面。而“君子不器”的意思就是你不能仅仅活在物质性的层面，你是一个灵性的生命，还应该有感性、理性乃至灵性的追求。

在古代，耕作是最基础、最普遍的工作，所使用的也是最简单、粗陋的工具，而执着于做这类事情的人就称为“器”。作为一个有文化有思想的人，如果还执着于这个层面就太可惜了，你明明还有更高的境界可以去追求，却偏偏执着于把自己当耕作工具来用，这是不对的。但如果你从事的是电脑或宇宙飞船等融入了人类智慧和灵性的东西的开发，难道还在“器”的层面吗？所以不能因为“君子不器”而排斥一切物质性的产品的研究开发，如果这样现代人的生活岂不是要退回到原始时代！

所以孔子讲的“不器”是要求人们去追求灵性生命的开发，去开发作为人的价值和智慧。

虚白：这些东西恰恰是“不器”的君子才能完成的。

曾伟：现在的人们肯定不会排斥研究电脑或宇宙飞船，因为我们的感性、理性和灵性都在里面。

“君子不器”并不是要求人们不要科学技术、只研究人文的东西。那样就会曲解孔子的用意甚至去阻碍社会的发展。因为科技产品的背后都蕴含着人们的聪明灵性，科技也是灵性的一种展示。

学恒：孔子并不是要求所有人都不器，他说的是“君子不器”。对于很多人来讲，能成“器”就已经不错了。“不器”是对有更高能力和追求的人的要求。“君子不器”也不是君子完全不“器”，而是不能仅仅局限于“器”。

曾伟：我们解《论语》的目的是要把孔子的本意找出来，而不是简单地翻译。比如说古人在墓前守孝三年没关系，但在如今就不现实了。我们看孔子不能只纠结在这些地方，因为他是通过不同的方式和角度来阐述“孝”的思想的。

学恒：这可能就是我们现在读《论语》的时候需要一以贯之的，世人一定要领悟到孔子在说某句话的时候是想让人体悟到什么。孔子的教育是一种精英教育，其目标非常高，这个目标就是“君子不器”。《礼记》中也说“大德不官，大道不器”，“道”和“器”是对立的范畴，追求道的人不会停留在“器”的层面。

至于“大德不官”，很多国家总统是虚的，皇帝是虚的，国王是虚的，他们不做具体的管理行政工作，代行权力的是首相这些人，这可能就是“大德不官”的一种表现。也就是说，有大德的人不去行使具体的权力，而只是一个象征性的精神领袖。

曾伟：对，很多企业也是，特别是中国的大企业，都有自己的精神领袖，美的有何享健，格兰仕有梁庆德，没有这样的人，企业的管理很麻烦。

学恒：这个位子尽管是虚的，却是不可或缺的一个象征，实际上它起到最终裁判的作用，平时不裁定。比如泰国的国王，社会不管多乱他都不管，但社会不管多乱也不会崩溃，就是因为有一个“不官”的国王在。

虚白：我们现在这个社会跟古代社会是不一样的，现在是分工社会，分工经济。孔子那个时代是自给自足的经济，所以“君子不器”有其道理。而今天我们要是从一个技术工种的角度来提倡“君子不器”是有失偏颇的，在现代，人要行大道、要开悟，还要在自己的专业精益求精，要花很多时间把自己的“器”练得出类拔萃，并从所“器”中获得对生命价值的感通。西方很多知名物理学家和数学家都做到了这一点。

现代社会的分工经济跟自给自足的自然经济毕竟有所不同，所以“君子不器”在现在应该有新的解读，它的意境更高。放到现在，我们应该提倡用“君子不器”的精神，使自己的“器”精益求精。

曾伟：就是把自己的生命力融入自己的职业精神中，融入创新、科技和创造中，而不是把自己仅仅当成一个普普通通的生产工具。就如同我们在企业管理中，不能把员工当成一个器具化的东西甚至一个机械的人，而要重视员工精神层面的东西和创新力。

虚白：人只有关心自己的精神层面，在他的“器”的方面，才会有创造、有发现。

曾伟：所以这个“不器”又有更深一层含义了，这对管理也有很大的意义。

“行”为中道

学恒：接下来是第十三章。

子贡问君子，子曰：“先行其言而后从之。”

“问君子”中的“问”，不是向谁问，而是问怎样做一个君子，孔子的回答是“先行其言而后从之”。

孔子的这句话中有两组概念。一组是言和行，一组是先和后。“先行其言”指的是想说一句话先不说出来，而是先做到它，做到了以后才说。“而后从之”有两种解：第一种是，君子“先行其言”，“而后从之”指的是别人跟从你，第二种是，自己先做到了以后再把这件事说出来。

这句话中的“先后”指的是自己的言行“先后”，还是别人跟自己的行为“先后”？这两种情形意思大不一样。如果仅指自己，一般来说，言在先行在后，但如果事情没有说就先做了，似乎顺序上有点问题。所以我更愿意把这句话中的“先后”理解成别人与自己的行为“先后”，即要求别人做到之前自己要先做到。对于领导来说，自己要以身作则先做给群众看，号召别人要做的事情，自己要“先行其言”，身体力行。

虚白：对于这句话，周氏（人名已不可考，著有《论语周氏章句》）说：“先行其言者，行之于未言之前；而后从之者，言之于既行之后。”范氏（范宁）说，“子贡之患，非言之艰而行之艰，故告之以此”，就是说，子贡其人，语言上太利索，行动有点跟不上。

如果按照学恒的解释，“先行其言”之后应该有个逗号，并且“而后从之”的意思应该是“而后众从之”，但是没有“众”字，所以大多数人没有像这样解释。

学恒：如果从孔子本意和当时的语境上说，子贡问怎样算是君子，孔子说自己要说的话，得先去兑现，兑现之后再说出来，这样才算是君子。这是比较主流的解法，但是这样解的话，“先行其言”应该是“先行其欲言”，但是原话又没有“欲”字，所以我把这句话理解成怎样做一个领导。

虚白：这句话很重要的一点是，形成了中国的一种文化积淀，中国人就是因为这句话产生了“行胜于言”观念。这个观念在中国文化中根深蒂固，就是一个人的行比他的言更为重要。在言行问题上，孔子一贯主张“敏于行而讷于言”。

学恒：除子贡以外，孔子对宰我也说到过言行问题，孔子一开始“听其言而信其行”，在发现宰我白天睡觉（昼寝）之后，说自己从此以后要“听其言而观其行”。因为人言为信，作为一个君子，说出来的话一定要做到，因此孔子一开始听其言的时候就信其行。但是在宰我昼寝之后，孔子突然觉得言行之间是有差别的，所以听其言之后要观其行。这句话对后世中国人的影响非常大。

曾伟：我认为从这句话往前追溯，从“视其所以，观其所由，察其所安，人焉廋哉”到“温故而知新”再到“君子不器”，最后到这一段说的“子贡问君子”，一直在谈人的生命力的问题。

因为“君子不器”，有的人可能就会走到另一极：坐而论道、想入非非。坐而论道、想入非非的世界有时也是一个“无形无相”的世界，也很容易让人自以为进入了某种境界，但实际上这只是他的意识心产生的幻境而已。

孔子之前说“君子不器”是说君子不能成为一个固化的物性的存在，不能忘了自己身上有生生不息的生命力。孔子一直赞美人的这种生命力，但是他也深知人的偏性是很严重的，人们会因为“不器”，而不屑于行动和实践，陷入坐而论道的语言陷阱中。这种现象在现在的企业中是非常普遍的。

现在企业的执行力为什么低？问题为什么堆积如山？是企业的人不懂得做吗？错！我们帮助很多企业实施了管理变革，效果都非常好。但令我们惊讶的是，还是企业原来那帮人在干事，我们只是严格督促他们做到位而已，效果就大不相同。他们原来就会做，但他们习惯于说和想，喜欢拿方案，喜欢谈看法，但都希望别人去实施、去行动。谁都愿意指挥别人，谁都不愿意被别人指挥，这就是问题的症结所在。谁都不想做那个“器”！孔子只说“君子不器”，我们却是“人人不器”。事情还有人做吗？还有人认为自己智商高、学历高，出智慧就可以了；也有人认为自己能说会道，发动大家就可以了。这种类型的人多不胜数，企业能有好业绩吗？生命力是要在行动中绽放的，没有“行”，就没有“生”。“天行健，君子自强不息”、“生生之谓易”，《易经》对生命的解还不够清晰吗？写过《易传》的孔子能不懂吗？

所以孔子讲完“君子不器”之后，立刻借子贡问君子的话说“先行其言而后从之”（当然不是自然时间上的“立刻”）。就是说“不器”并不是让人海阔天空，而是一定要去实实在在地行动、实践，要在这个过程中体会生命的活力。孔子把生命力在“器”和“言”之间找到了一条中庸之道，这就是“行”。

“行”跟“言”不同，“言”太容易使人得意忘形，“器”又是个死的东西，“行”是在“器”和“言”之间最恰当的一条中庸之道，后世很多文人都说过知行合一，他们都找到了一个点：人不要太死板，也不要太灵活。

学恒：“君子不器”就是君子要求道，求道需要修行，修行就是“行”。

曾伟：对，“君子不器”是求道，并不是得意忘形，更不是坐而论道。君子的无形无相，不是得意忘形，而是修行达到的境界，最终落在“行”

字上面，这就是不偏不倚，位置正中。

孔子的学生把“君子不器”和“子贡问君子”两句话编在一起，说明他们深刻理解了孔子的思想，否则一旦“不器”，很可能立即脱离现实，这样的情况在生活中太多了。

虚白：“君子不器”之后紧跟着就是“子贡问君子”，极其精妙。因为“贡”就是器，孔子也直接说过：“女（汝）器也。”

曾伟：老子说过“行不言之教”，这与孔子的“先行其言而后从之”有相同的意思，都是指要用行动去示范，而不是言而不行。

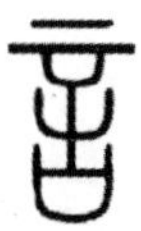

（小篆“言”）

（小篆“辛”）

虚白：“言”这个字，从口，从辛的上半部，这个部分很像一个树杈，“言”的字形就似一根大树杈插到嘴里，上半部分发音很像辛辣的“辛”，所以“言”这个字形提示我们，说话是一件很小心的事情，不能太随便。

庄子也说“大言炎炎，小言詹詹”，他也对“言”非常警醒。再如“谈话”的“谈”，左边是“言”，右边是两火重叠的“炎”，也就是聊天的时候，说的话就像炎炎之火，自已都不能掌控，风一来就跟着风走。所以要格外小心。

曾伟：所以要慎言呀。“先行其言而后从之”这句话可以跟前面的“君子不器”连起来，前面讲不器，后面讲慎言，“先行其言”不能说不言，而是慎言，取其中庸，就是“行”，行胜于言。“器”是一个极端，言又是另一个极端。

虚白：“行”是钉在板凳上的，处于中间，最为强大。

曾伟：所以孔子提倡的正是一条中庸之道：不器，慎言，取行。一个君子，应该是一个修行者。

虚白：这还有段公案。清华大学图书馆礼堂前有个日晷，上刻“行胜于言”，很多人以为这就是清华大学的校训，其实高悬在大礼堂上面的“自强不息，厚德载物”才是真正的校训。那个日晷本来是放在圆明园的，属于皇家，后来，清华学生刻上“行胜于言”，放到母校。因此，“行胜于言”不仅是清华的校风，也可以说是国家的信念、民族的意识。这一点非常了不起。

曾伟：很多知识分子容易从“君子不器”变成“坐而论道”，对此孔子是反对的。

虚白：您这样解特别有意思，这样一来我们可以看《为政篇》的最后一句，“见义不为，无勇也”，就是说“行”是由“勇”促使的，有勇者才行，有言无勇的人是不行的。这样的人不仅没有价值，对社会还会起反作用。

曾伟：这样的人有仁有智，却没有勇，没有行动力，也就没有生命力。

虚白：这样的君子就是懦弱的君子，言在先行在后，行却跟不上，因为“无勇”。

学恒：儒家的“儒”容易给人这种感觉，懦弱少勇，但真正儒家本质并不是这样的。

曾伟：孔子是非常强调行动力的。

虚白：我给《论语》注过“勇”的分类：天命的仁勇，莽夫的时勇，英雄的英勇，舍己的义勇，通己的智勇，凭力的力勇，等等。《论语》中涉及这么多的“勇”，都是在开中华英雄大气概。其中有些“勇”孔子是不赞成的，例如子路的莽夫之勇，子路虽有智，但是由于他的莽撞也就是莽夫之勇，最后送掉了性命。所以孔子说的“勇”是和“仁”“智”齐平的，佛家说戒定慧要平等修，其实仁智勇也要平等修。

曾伟：这也是“三无漏学”，三者缺一不可。

虚白：三者是平等的，不能有快慢之分。

人走极端非君子

虚白：第十四章。

子曰：“君子周而不比，小人比而不周”。

“周”有两种解释，一为忠信；一为普遍、周全。就“周”这个字来说，一定能够围起来的才叫“周”，起点和终点必须合在一起。

曾伟：“周而复始”的“周”就是这个意思。

虚白：所以“君子周而不比”，我更愿意解释成君子是团结的，他们并不互相亲比，一比就有头有尾了。

乾卦讲到六龙之间“群龙无首吉”，意思是君子在一起是没有首领的。但国家必须有首领，叫“首出庶物”。乾卦的又一层含义就是对于天道来说，“群龙无首吉”；但是对于人类社会，由于人是有层级有尊卑的，所以要“首出庶物”。

“首出庶物”就是指众人之上一定要有君王，“庶物”就是老百姓，出一个首领才会“吉”。但天道如此就不吉了，君子之间没有尊卑之分，大家都在修行。那么除了团结，大家还要做什么呢？要像圆周一样互相交流，同修者就是周。“周而不比”其实是一个“信”字，朋友之间一个“信”字就够了。

小人之间互相攀比勾结，而后出一个首领，大家形成一条利益链。这就是

“比”，“比”的甲骨文和小篆字形都是两个反写的人（正写为“从”）。

（甲骨文“比”）（小篆的“比”）

学恒： 其实“周”和“比”在某种意义上是相同的，但是君子和小人对此的处理方法不同。君子强调团结，他们相互之间有着很单纯的友谊或者共同目标。

“比”有“朋比”的意思，朋比为奸，结党营私，这就是“比”。孔子还说过“君子喻于义，小人喻于利”，这就解释了小人为什么结党：结党是以利益为基础的。小人之间的“团结”是建立在的利的基础上，一旦利益基础消失，小人这群乌合之众也就一拍两散了。

但是君子喻于义，君子团结的基础是义。所以虽然君子之交，其淡如水，但这种团结是长久的。君子之间这种可以信赖的价值关系要比小人之间为利益而结盟的关系要长久得多，也可靠得多。

曾伟： 我说一下我的看法，我觉得对于“君子”这个概念来说，前面讲了“不器”，讲了“慎言”、“行中道”，所以我觉得这里就是对前面的一个概括。

“周”就是圆融不走极端的意思，不要走向“器”这一端，也不要走向“言”这一端；不要局限于“器”，也不要坐而论道。所以“周”就表示君子的内心是圆融的、没有残缺的。而小人就如同“比”这个字的字形，是两个倒着的人，二人对立斗争，不自在。

虚白： 小人处在一条利益链上。

曾伟： 把两个正着的人放在一起，就是“从”，再加一人就是“众”，从而形成一个团队；两个倒着的人放在一起只会互相掐。

所以君子的内心圆融而不走极端，一圆融自然就不会对立，其心时刻是通透的，没有什么非此即彼的东西，可以接纳一切。小人的内心就是时刻对立，不跟别人对立时他的大脑中也会自己跟自己对立，甚至左手右手都会掐起来，小人不可能达到一种圆融的状态。

因此“君子周而不比”这句话是从“不器”到“慎言”之后的高度抽象概括，进一步对君子下了定义，君子达到了圆融境界。

虚白：解得好！君子内心圆融导致整个组织圆融，所以君子在一起就是“通”。用什么通？用忠信通，所以“周”解释成忠信也是可以的。忠信就是“周”，而“比”是一种相互矛盾的组织，大家看似勾结在一起，其实矛盾和阻碍在里面时时存在。“比”这个字中的两个人都是反着的，反着的两个人当然走不好。

学恒：实际上“周而不比”不仅仅对君子个人有好处，对君子所处的整个团队也有好处，“周”其实是一种处世之道。

君子“周而不比”，不结党，这对社会的统治者来说也是非常有好处的。因为中国古代的统治者最担心的就是臣下结党，这恐怕也是统治者欣赏“君子周而不比”的原因吧。“比”的危害的确很大，所以君子“不比”就是君子身处乱世，能够自安。君子一旦结党，破坏性比小人更大。

虚白：历史上的君子结党都是大事件。比如宋代的元祐党人、明末的东林党人。

孔子虽然讲“周”和“比”对立的两方，但人本身未必是完全对立的，“周”和“比”也不是非此即彼的关系，例如，世界上就存在着不周不比的人——独行侠。

侠客精神，譬如李白，他就是不周不比的，这种精神是一种孤独之美，寂寞之美。

曾伟：达到了空灵的境界，超凡入圣了。

虚白：这样的人还是有些不合群的。真正的圣人也是不周不比的，但跟谁都能和合。不周不比的人有两类，一类是独行者，另一类是修行出来的圣人。

还有一种人既周也比，双面人，君子圈里有他，小人圈里也有他。所以，孔子提出“周”“比”两个极端，我们能从中看出四种人。

社会中我们最瞧不起的不是纯小人，而是双面人——台上是君子，台下是小人。

学恒：其实“君子周而不比，小人比而不周”可以说是一种识人术了，周而不比的人是君子，比而不周的人是小人。

虚白：也就是说，看一个人的朋友圈，就可以了解这个人。一个圈子既然接纳这个人，就表示这个圈子对此人人品的认可。这个观念也成为了中国人的一种民族意识，现在中国人很多观念的根其实都在孔子这儿。

我们还可以做一个联想，孔子不断地把君子和小人对照，比如“义利”、“周比”，如果我们把所有的对照列出来，得到的基本上就是一个人才选拔的标准。选“德”最难，因为“德”说起来似乎很空泛，但孔子这么一对照，一点都不空，“德”跃然纸上。

学而不思则罔，思而不学则殆

虚白：第十五章。

子曰：“学而不思则罔，思而不学则殆。”

千古名句。孔子在这里提出了“思”和“学”的著名辩题。朱熹在

《论语集注》中说："不求诸心，故昏而无得。不习其事，故危而不安。程子曰：'博学、审问、慎思、明辨、笃行五者，废其一，非学也。'"

按照程颐的说法，学是向外奔，思是向内回；然后又说博学、审问、慎思、明辨、笃行五者都是学。"学"在《学而篇》里可作为"觉"来看，"觉"中是含有"思"的。《学而篇》第一句"学而时习之，不亦说乎"，其中就含有思和行。因此，本句话中的"学"应该跟前面的"学"不一样，这里指单纯向外求知识点，"思"则是对这个知识点的感悟，最后感通。"思而不学"就是说一个人每天都想着开悟，却不学，最后什么也得不到。

学恒：这里的"学"是狭义的学，"学而时习之"的"学"意思更广一些。

有时候越是千古名篇，我们作为读者越觉得理所当然，反而不会去思考更多，但是实际上"学而不思"的现象至今还很普遍，这句话对于现代社会仍然有很强的教育意义。

"罔"是欺骗、蒙蔽的意思，也可以理解成加一个竖心旁的"惘"，迷惘的意思。

曾伟：从"罔"的字形上来说，它外部是一个框，里面是"茫"，仿佛被困住了，找不到方向。

学恒：其实我们周围都有很多这样的人，爱学习却不会思考，自以为已经吸收知识但仍然不懂得思考。读了一本书、听了一个讲座或者上了一个培训班之后就立刻被新知识牵着鼻子走，每天都在接受新知识，但是没有变成自己的理解。这种人的脑子仅仅是一个传达室，而不是知识的加工厂。

虚白：这样的人学到的知识全部都安安静静地存储在脑子中，哪怕是相反的知识，双方也不会冲突，因为他不思考。一旦有人提醒他，他立刻就会迷茫。

学恒：他的大脑只是一个存储器，接收的知识没有变成自己的东西，大脑只是一个低级的容器。因此学会思考很重要。但是孔子接下来又说“思而不学则殆”。

虚白：“殆”就是危险，“危殆”总是连在一起使用。

学恒：“殆”之所以危险，是容易让人走火入魔。我的理解是，“思”可以跟前面“温故而知新”的“温故”连起来理解，“思”就是要附着在“故”上。如果没有附着，漫无边际地思考，造成的结果一是效率很低，二是走偏或者说走火入魔。这是很危险的，可能一无所得。一无所得还好，就怕得了不该得的东西，走火入魔。

曾伟：让人走向死亡。

虚白：也可以这么说，一生无所得，生命的价值就结束了。像庄子说的“吾生也有涯，而知也无涯”。

学恒：说到走火入魔，其实有很多人想着想着就疯了，确实是很危险的。

曾伟：这里的“思”可以跟前面孔子讲的言和行联系起来，之前讲了言行，到这里立刻讲“思”。孔子说“先行其言而后从之”的时候把“行”提得很高，叫人不要走“器”和“言”两个极端，要不器并且慎言，其中就是一个“行”字。但这并不是最高境界，因为“行”可能是盲从的。在此基础上，孔子便说到“学”和“思”。

因此“行”和“学”很接近，意思是要懂得去斟酌，去思量，去比较，去选择；要知道什么样的行为是有利的，什么样的行为又是不利的。

所以“学而不思则罔”是针对“行”来讲的，不思就会盲动；“思而不学则殆”，如果仅仅只是斟酌思考而无依附，“思”就变成无本之木，这里的“学”既有传承的意思，更有实践、体验的意思，首先思考要有根据，然后思考之后要去做，要去验证。

虚白：是这样。“先行其言而后从之”是讲言行，关乎人的实践问题；

学和思是讲人的理智问题。先讲实践，后讲理智。

曾伟：也就是先讲表象，再讲表象之后的动力。

学恒：实际上“思而不学”就是故步自封，觉得自己已经学到顶，别人的东西不值得学习了。这样的人时常自己立一个靶子自己打，不再去深入，比如有些人都没有好好读过《论语》就开始批《论语》。

曾伟：孔子一直强调不要走极端，学和思都不要走极端。

学恒：严格地说，对于一般读书人来讲，学和思很难完全分离，正常的学习方法就是思了学，学了思。

虚白：比如王阳明的“知行合一”。我再提一点，有些人不成功是因为他们视而不见，看不见眼前放置的好东西，这种人是最底层的人。还有一些人很努力，能看见眼前的好东西，但是因为不会思考而白看了，最后看到的仍然荒废了，不一定有结果，这就是“学而不思”。

学恒：结合社会现实来看，这两句话在微信时代表现得特别典型。有些人特别爱转发信息，什么信息都转，哪怕是不赞同的观点也转。这就属于“学而不思”。转发时既不附加自己的评论、看法，甚至连简单提示也没有。有一次，我问一个朋友，是不是你赞同转发的观点，他说他也不同意这个说法。那我就不明白了，我以为你赞同才转发的。这样的人就是“学而不思”。另外一些人只是瞎评论，别人的意思都没有理解就开始批判。这就属于“思而不学”。

虚白：这个解读非常有意思，“思而不学则殆”的“殆”就现在的话说就是“负能量”。“学而不思则罔”，对社会不产生能量；“思而不学则殆”则对社会产生负能量。

曾伟：“思而不学”比“学而不思”危害更大。“学而不思”只是自己“罔”，“思而不学”却会“殆”，有危害。由“罔”到“殆”，问题在升级。

虚白：“学而不思”仅仅是内存大小问题，“思而不学”却是病毒。

曾伟：从佛门的角度讲，正确的“思”其实是“觉”的过程。前一句“学而不思则罔”中的“思”可解成“觉”。所以，“学而不思则罔”可解成“学而不觉则罔”，也即累积知识信息，不等于了解事实真相。只有通过比较、实践才能让我们透过知识信息的“相”，而到达事物真实的“性”。后一句中的“思”就不正确了，它代表念上动念。因为“思”离开了实践，离开了传承，就离开了“觉”，就会成为病毒，害人害己。

求同得道，求异得器

虚白：第十六章。

> 子曰：“攻乎异端，斯害也已。”

这句话的重点是对“攻”字的理解：一种解释是“攻治”，就是玉器匠“如切如磋，如琢如磨”的行为叫“攻”；另一种解释就是“攻击”。

学恒：《论语》中的“攻”有“攻击”的意思，比如孔子鼓励大家集体攻击冉有，“小子鸣鼓而攻之可也”。

虚白：对，所以过去把“攻乎异端”的“攻”理解成“攻击”的人比较多，“异端”就是两端中的一端，“攻乎异端”就是攻击另一方的观点。还有人认为“异端”就是枝枝末末的东西、非主流的东西，“攻乎异端”就是去除这些东西。

实际上，宋儒把“异端”搞复杂了。“异”与“同”相对称，有异端就有同端。儒、道、佛各个学派之间有同端，也有异端；儒、道、佛各个学派内部有同端也有异端。一旦坚持异端，执着这个异端，各派之间就会永远争执下去。派别内部忘记同端，便回不到本源。大凡先知或圣人过世，继承者们都会各执异端，各立门户，甚至兵戈相向，背离宗教或学说创立者的大同理想。

因此这里的“攻”还应当是“攻治”的意思。

学恒：攻读的功，就是这个意思。功乎异端，也要兼顾同端。就是说，我们搞研究，也要注意“求同存异”，不要一味地标新立异。

虚白：就是要研究大道，求大同，研究异端是非常危险的。当我们谈论到全世界的“道”的时候，要兼容并包，这是一种儒家的大关怀，一种人文宽厚的大心胸，“厚德载物”就体现在其中了。中国人为什么对世界文化那么宽容，其依据就在这里。

学恒：这个“异”的意思就是差异。过分强调“异”，最终就会分道扬镳。

曾伟：也就是执着于各自的差异，其害无穷。

虚白：这是在“道”的方面，不能攻乎异端，要“攻乎同端”。但是在“器”的层面上，就要攻乎异端。

之所以这么解释，是因为过去有一批人把“异端”解释成枝枝末末，用“同端”反向解释“异端”，就等于把“枝枝末末”说兼容了，这也是在“道”上“攻乎同端”了。

学恒：执着于“异端”的人，实际上是以自我为中心的，他总是视别人为异端。很显然这是树敌的做法，所以在“道”上要追求大同，在“器”上要攻乎异端。“端”，也可以理解为始端、终端的这两端，儒家讲究“执两用中”，其实，“攻乎异端，斯害也已”这句话也体现了不走极端、中庸的思想。

虚白：“君子周而不比”，没有“异端”就是“周”。

学恒：另外，如果把“异端”理解成对立面的话，那孔子的对立面是谁？这个“异端”又是指什么？

虚白：把“异端”解释成“对立面”是程朱的解释，一直到钱穆都是这么解释的，实际上他们这么解释的时候已经在“攻乎异端”了。因为孔子的意思是研究大道，应该众教合一，攻乎同端就是要回到“一”。从孔子对道家的包容态度，就可以看出孔子作为圣人所拥有的那种“和合”“大同”的精神。《论语》字字慈悲，我们读的时候一定要读出圣人的慈悲心。

曾伟：所以“攻”不是攻击，而是专注攻修的意思。

虚白：“闻道有先后，术业有专攻”的“攻”也是这个意思。

曾伟：那么这一句又可以跟前面几句结合起来，孔子的意思就是言和器、学和思都不要执着于哪一端，执着于一端的话最后都会其害无穷。这句话又是对前面几句话的总结。

学恒：2014年国家领导人讲中华优秀传统文化的时代价值，把这概括成六句话十八个字，最后三个字就是“求大同”。

曾伟：“求大同”，这很精妙。不提“存小异”，这就让人们的注意力专注在“同”上，而不在“异”上。

学恒：对于圣贤之学来说，无论是那些宗教的创始人还是圣人，都要做统而绪之的工作，也就是大同。“大同”是所有大德的理想，一旦进入了灵魂界，那就一定要“同”，“同”就是“通”，“通”就是“同”。

曾伟：就是“空”。

虚白：也对，“统绪”就是要统要绪，这很了不起，“统绪”有一个共同的根，就是“吉”。求大同是没有“悔”的，在“道”上就只有“吉”。君子之学求的是一以贯之的东西，但君子之学也只是精神界的问题，还没有触及灵魂界。

所以，一以贯之的东西，君子有时也会违背。君子也会纠结，后悔不迭，最后也会陷入“攻乎异端”，整天强调枝枝末末的东西。攻乎异端的人，绝口不提“伟大的共同理想”，也不说人人皆慈悲，更不会讲出“人人都是圣贤”的道理。他们只会各说各的，实际上他们无法修到更高境界。这就像一些有一定修行的人，未修到灵魂界时会出现的状况：我这儿能修到，他那儿修不到。其实这样的人，谁都修不到。因为你尽管是个修行人，也到了一定境界，但如果你“攻乎异端”，“斯害也已”，你一定修不到灵魂界的。灵魂界要靠“攻乎同端”才能到达。

曾伟：要专注于大家相同的、相通的、相融的地方。而不是把注意力放在大家不同的地方。

虚白：要通相同的东西，不能通枝枝末末的“异”。灵魂界吉，精神界悔，物欲界凶。异端是属于枝枝末末的“器”的层面。还停留在物欲界，这是凶的，没有好结果。

所以凶者攻乎异端。君子之学虽然不攻乎异端，但是还未得一以贯之，君子想找到这个一以贯之的东西，因此子贡曾经问“有一言而可以终身行之者乎”，子贡想找一个字贯穿，说明子贡已经觉悟到了这个问题。

所以，君子才会常常做完事情之后后悔，反省自已做的事情符不符合原则，所以才“吾日三省吾身”。真正得道的圣人完全和合，从心所欲，不会三省吾身了。

所以“攻乎同端”才能入灵魂界，怎么说怎么做都是“吉”。

曾伟：专注于同端，专攻于同端。

虚白：这是“吉”的，国家求大同是“吉”的，民族求大同是“吉”的，世界求大同也是“吉”的。

学恒：这确实是儒家或者确切地说是孔子对中华文化的一大贡献，也是对世界文化的一大贡献。

虚白：这种境界多宽厚，多包容。

学恒：我想起来了，习近平说的中华优秀传统文化的时代价值中有六句话：讲仁爱、重民本、守诚信、崇正义、尚和合、求大同。

虚白：尚和合、求大同就是“攻乎同端”，同端本身又包含仁爱、民本、诚信和正义。

学恒：这样读《论语》就达到一个新高度了。

虚白：当你理解这句话的时候，不仅理解了中华文化的包容精神和宽厚品德，也理解了坤卦的精神，其实这也是修行的方法和窍门。

学恒：我得到的启发是，在管理的过程当中，不要过分强调自己比别人强、比别人好，突出自己的业绩，自矜自伐，这种做法在一个团队中是很危险的。

曾伟：这句话再跟前面联系一下：“温故而知新”的“新”很容易成为“异”，所以可能自己的创新力比别人强，但是不能执着于这个“新”，否则其害无穷，“斯害也已”。

现在提倡个性，提倡差异化，包括市场经营，但实际上最后这就变成了“攻乎异端”。现在市场经济发达了，但是人文精神却没落了，究其原因就是大家都在讲差异，在“攻乎异端”。如果这样继续下去，人精神上的相通相同就会荡然无存。所以孔子在提出“温故而知新”之后又叫人不要走极端。

学恒：差异化是竞争文化，是“攻乎异端”。“攻乎同端”是求大同。

虚白：“攻乎同端”是求“道”，“攻乎异端”是求“器”。

曾伟：所以“温故而知新”的“新”不能离开“道”，一旦离开“道”，“新”就变成了异端，再执着异端的话，就其害无穷了。

虚白：“温故而知新”讲的是“新”，是“异”，“可以为师矣”讲的是“道”，是“同”——“师道”。师者，就是那些“攻乎同端”而悟道的圣贤。

人能无所不知吗？

虚白：第十七章。

子曰："由！诲女知之乎！知之为知之，不知为不知，是知也。"

这句话中的"女"通"汝"。

学恒：孔子在这里因材施教，针对子路这个学生。子路同学比较注重"行"，对"知"有些轻视。

虚白：诲人不倦。"诲女知之乎"，意思是我教给你的，你明白了吗？子路是个很鲁莽、很直白的人，因此孔子跟他说话也很直白，换作子贡就不行，孔子跟子贡说话得绕着弯说。

接下来孔子的"知之为知之，不知为不知，是知也"这句话，就给"知"这个命题提出了一个辩论。子路很直，经常自以为理解了老师说过的内容，但实际上并没有理解。"视而不见"、"学而不知"、"知而不行"全是不能成功的人犯下的错误，孔子这句话全都涉及了。"知之为知之"，知道就是知道。"大知"有一个特点，就是到一定程度之后跟什么都能和合，但是对于非自己所学的学科他是不会发表见解的。而当今一些所谓的"专家"却什么领域都敢发表意见，这离"知之为知之"就太远了。

所以"知之为知之"太难做到了。很多人高中毕业的时候学过很多门知识，觉得自己无所不通，但是他们不知道人生是多么的回转，多么的艰难。到了大学，他们会发现一门课两三周的时间就讲完了，赶都赶不上来，看半天也看不明白，凑合及格就行了，从此才知道自己的知识是有限的。到最后读了博士，才发现自己虽然是博士，但懂得的知识还只是一点点。“博”反而是“窄”的意思，懂得的只有这么一点而已。

也就是说，人在最开始的阶段，以为自己什么都知道。后来发现有很多东西不知道以后就开始拼命地学，知识扩展越多就越会发现自己知道的东西很少，而未知的世界愈发无穷。世界一旦展现在眼前，惊愕之余他会努力去了解、去学习，最后发现知道的相对于未知仍然只是一点点。

学恒：在我们读到这句话之前有一个误区，就是我们从来不分辨哪些东西自己知道、哪些东西自己不知道，我们从来不考虑这个问题。

苏格拉底说过：我唯一知道的就是我什么都不知道。这句话也契合了刚刚虚白教授的意思。这句话对我们有一点启发，就是我们观察一个人，他不论是物理学家还是经济学家，抑或是历史学家，只要他对其他任何领域都想发表一点意见，我们就可以断定他无知者无畏，这也是识人术。

苏格拉底这句话还对我们本身的学习有一点启发，就是我们在学习思考的过程当中，一定要对我们学到的、领悟到的知识做一个梳理和区隔。也就是一定要明白哪些东西自己是稍微知道一点的、哪些是一点都不知道的。

很多人会梳理知识，知道哪些东西是自己知道的、敢去涉猎甚至发表意见，但他们就是少一个“区隔”知与不知的动作。这个动作不能省。

我们不去做这个区隔的动作，这是很危险的。而这个动作一做，我们就不逾矩了；否则，我们很可能会犯无知者无畏的错误。

曾伟：这类似于“持戒”。

学恒：这是我之前就体会到的。一定要在学完、思完做最后总结的时候加这么一个动作，告诉自己哪些地方自己是不能碰的，这就是“不知为不知”。这个事情一定要纠结一下的，必不可少。

曾伟：我说一点我的看法。“知之为知之，不知为不知，是知也”的句式跟佛门中“看山是山，看水是水；看山不是山，看水不是水；看山还是山，看水还是水”的句式很类似，其实这两句话的意思也很类似。

就像刚刚说的人生三个阶段。第一个阶段，高中的时候觉得自己知道很多，其实这也有根有据，高中生的确比初中生、小学生甚至父母都知道得多，因为他是十几门课考过来的，身经百战，的的确确知道很多东西。但是他把这个“知”扩大到所有的领域了，并且在想象中扩大了自己的知识面。在这样的心态下，碰到他“不知”的那一部分时，回头看看自己的“知”就会产生沮丧。

实际上他这个时候不仅仅是对未知的领域产生了恐惧，他同时对自己已知的一点点东西也会产生蔑视，这时候就到达了“看山不是山，看水不是水”的阶段了，甚至可能把自己否定得什么都不是。

这时候他如果勇敢地往前走，会发现自己还是能够逐渐知道得更多，他心里的这种恐惧感就会慢慢减轻。

因此“知”是和信心连在一起的，开始信心满满，后来非常沮丧。但再到后来实事求是的信心生起来了，知道自己只管学就行了，学到多少就能知道多少。这时候的“知”就又回归到了那种“看山还是山，看水还是水”的阶段，因为他变得实事求是了，知道就是知道，不知道就是不知道。

这时他既不会像一开始那样因知道一点点东西而狂妄，也不会像第二个阶段那样因为不知道而沮丧，到了这时狂妄和沮丧都没有了，他只是清楚地自己知道什么，也清楚地自己不知道什么。

所以我觉得这段话的第一层意思就是人生要经历三个阶段，到达第三个阶段，就能够踏踏实实去学习了。但这段话还有另一层意思：学到最后，你会发现相对于未知你知道的仍只是一点点。怎么办？

庄子说，“吾生也有涯，而知也无涯”，生命有限，而人所要知道的这个大千世界是无限的，那么应该怎么办呢？在这个命题的拷问下，很多人会对生命产生一种迷茫：生命还有意义吗？面对无限的世界，生命如此有限，其解何在？孔子已经给出了答案：“攻乎同端”。不需要一个个地去

“知”。一个个地“知”，是“攻乎异端”。

不断添加新的枝枝末末的知识，就是“攻乎异端，斯害也已”。而如果身在同端，不断往上走、向内修，最后就能到达一个空灵的境界：“知”和“不知”融为一体，没有界限分别。“攻乎同端”达到了对“知”和“不知”的超越。这个时候，空就是道。“知之为知之，不知为不知，是知也”，最后这个“知”就是智慧了。

虚白：“是知也”的“知”要读成“智”，智慧的意思。

曾伟：“是知也”的“知”不仅仅是“智”，还是“慧”，因为它超越了“知”和“不知”的界限，超越了“知”和“不知”的相。“知”也是相，“不知”也是相，“不知”是“知”的背景，“知”是背景里面显露出来的一部分，只要继续往前走就能到达智慧层面，进入背景中去，最后登上佛陀所说的“全知”境界。

按《金刚经》讲的，佛陀知道每一个人的心，为什么？佛陀当然不是一个个见人然后知道的。佛陀知道天上下的雨水有多少滴，当然更不是一滴滴数的。佛陀面对无量的沙子，无量的大千世界，数得过来吗？佛陀用的是“心”，如如不动的清净心。

因此孔子是在这里提出了一种非常重要的求知方式，或者说求智慧的方式。不是一个个地知，不是从不知到知再到不知，然后再到知，这是“攻乎异端”。而要向内观，真达本体。这便是“攻乎同端”。王阳明讲得更直白：天理即良知。唤醒自己的良知，便能通天通地，无所不知！

虚白：“知之为知之，不知为不知”，实际上是人一种智识的进步：第一步，知之为知之；第二步，不知为不知。实际上最后“知”与“不知”之间就没有界限了，互相感通。

孔子为什么要这么讲呢？因为孔子认为自己什么也不懂，但是人家问他，他都能解说，孔子说自己靠的是这样一种方法，叫“叩其两端”。（《论语·子罕篇》“吾有知乎哉？无知也。有鄙夫问于我，空空如也。我叩其两端而竭焉。”)

这是孔子的思维方法，“叩其两端”，即自己跟大众和合。如果一个农民问孔子怎么种地，孔子哪会种地呢？但是孔子会问：那你的一端是什么？比如你现在怎么种地的呢？然后再问另外一端又是什么？比如，其他种地种得好的人是怎么种地的呢？反复“叩其两端”，最后让那个农民明白：答案原来出在自己身上。

曾伟：“叩其两端”和六祖慧能的一句话很类似，就是《六祖坛经》讲的“出语尽双，皆取对法”。慧能交待他的弟子去弘法的时候要记住“出语尽双”的原则：“明”以“暗”对，“明”没则“暗”；“长”与“短”对；“实”与“虚”对。“出语尽双”是两头兼顾的。其实“攻乎同端”就是两头兼顾，超越两端，最后超越“知”和“不知”的界限。“知”和“不知”也是两端，“知”的是一部分，“不知”的是另一部分。而“攻乎异端”是执着一端的。

学恒：这个像是辩证法了。

虚白：最后“允执厥中”（《尚书》)。“执其两端，用其中于民。”(《中庸》) “知之为知之，不知为不知”，要“中”一下，就会获得善知识。

曾伟：这个“中”不是“和”，而是超越。

虚白：对，所以“知”或者“不知”其实已经不重要了。虽然我只知道这么一点，但是在这一点上我已经可以进行思辨了，可以触类旁通了，这时候“智”就出来了。

曾伟：其实就是“透”过去了。

虚白：刚才学恒讲的“知”和“未知”之间的这堵“墙”，是我们思辨的工具，我们是借着这道墙来修来悟的。它也是“思”与“学”之间的桥梁，又是我们最后打破界限、获得感通的必经之路。

曾伟：“攻乎同端”其实是一种修法，即“修”的方法。我们知道的这一个点其实就代表了大千世界，大千世界也全在其中。把它“攻”透，“透”过去，就是内省，最后超越有形有相的世界，进入无形无相当中，“尽虚空遍法界”是一个自己，内心对一切了了分明，一即一切，一切即一。“知之为知之，不知为不知，是知也”，最后的这个“知”就是了了分明。此时已没有了“知”和“不知”的界限。

虚白：第一步是“知之为知之”；第二步是“不知为不知”；然后透过“学”、“思”之间的界限到达第三个阶段“是知也”，就到了“了了分明”的阶段；再在中间进行穿透和开解，就会到达了了分明之后的那个境界。

曾伟：如如不动的境界。到达如如不动，就可以完全和合了。“如如不动”也就是安心了。到达了安心的境界，“知”和“不知”对你来说又还有什么区别呢？

虚白：我们如果知道这句话是孔子对鲁莽的子路说的，这就更有意义了。现在我们说“知之为知之，不知为不知”，比如老师对学生说这句话，是怕学生不知道佯装知道，犯了自欺欺人的错误。低估了这句话的价值。

学恒：实际上，现在我们说这句话，也是讲了个学习方法的问题，就是讲“学要诚”。孔子告诫子路有这个用意，因为《为政篇》开始也讲了一个“德”字，“为政以德”也需要这样的方法。当然在“知”和“不知”的辨析上，我们可以把它辨得更透一点，追求超越，追求境界，最后得到升华。这句话最后落到“是知也”，这就是一种升华。

曾伟：实际上最后那个“知”是全知、全然的知。

虚白：就是智。

学恒：对我们现实有更大意义的应该是第二层次，这时候很多人没到一定的境界，但是自以为到了境界，把“不知为不知”这个阶段跨过去了，一步跨到全知。

所以我觉得需要强调这三个阶段，但是要更好地指导现实，就要更多地把第二阶段告知大家，因为很多人把这一阶段给忽略掉了，自以为到了第三阶段。这也是这句话一个很大的现实意义。

我们原来读《论语》很容易把这句话一带而过，今天解这句话又把它解得更透一些，这句话是很有生命力的。这三句话其实是递进关系，明确了“不知为不知”这第二个阶段也就是明确了下一步求知的方向。

为官者戒

虚白：接下来，看《为政篇》第十八章。

> 子张学干禄。子曰：“多闻阙疑，慎言其余，则寡尤；多见阙殆，慎行其余，则寡悔。言寡尤，行寡悔，禄在其中矣。”

这句话是给做官的人说的，《论语》中的子张是特别热切于做官的一个人。

学恒：可是子张没做过什么官。

虚白：是，子张名颛孙师，字子张。“张”是往外张，急着去做官；“师”是带兵打仗的意思。

孔子很喜爱子张，他跟子张说话的时候就像父亲和儿子说话，讲的东西很接地气，很贴切，从不讲大道理。孔子这句话告诉子张，多听别人说话，有疑问多加保留，确定无疑的也要谨慎地表达出来。“则寡尤”，表示如此就能减少过失。“尤”就是过失的意思，这种过失是在人的言行中产生的。

“多见阙殆，慎行其余”就是告诉子张要多多观察。有疑惑的事情要谨慎地实行。“阙殆”和“阙疑”的意思差不多：保留有疑惑的东西，不妄做推断。“悔”是内心的反悔，在外做错事，内心回想就会后悔。孔子告诉子张的就是，怎样避免这种情况的发生，如果做官出现过失和后悔，是很糟糕的。

孔子告诉子张，“尤”和“悔”是要避免的，避免的方法很符合明哲保身的原则。

学恒：这是非常入世的、实用的思想。

曾伟：关键都是一个“慎”字，谨慎之人其实就是持戒之人。所以，也可以用一个“戒”字来理解。意思是：为官之人，是要持戒的，戒什么呢？戒骄戒躁，戒狂戒妄。

学恒：这句话跟“知之为知之，不知为不知”也有关系，也是说“知”和“不知”的问题，比如“多闻”、“多见”都是一个求知的过程。

“阙疑”、“阙殆”的“阙”通“缺失”的“缺”，也就是“存着”的意思，所以“阙疑”、“阙殆”的意思就是不懂得的地方要存疑，暂时先放一边，也有一个动作。另外，这里的“殆”，就不是危险的意思了，而是大概、差不多的意思，也可以理解为不确定、有疑虑的意思。

虚白：“阙”既有“保留”的意思，也有“观察”的意思，“阙台”的含义就是观察台，就是有疑问的地方。全句的意思就是多多地去听，保留内心疑问，不要上来就表达自己的看法。

学恒：“阙疑”这个词，现在也是常用词。这句话比“知之为知之，不知为不知”还要谨慎，“多闻阙疑，慎言其余”就是说确定知道的东西，说出来也要谨慎。做到这样，就不会有太多的过失。

虚白：这句话是孔子对子张的关爱，就像儿子要出去做官，父亲在家这么嘱咐他。

学恒：子张的追求在某种程度上有点像孔子，入世去做官也就是实践，他的做法有孔子的影子，所以孔子对他的心境比较理解。这句话就是教他在官场上的一些做法。

对孔子的学生来说，官场也是另一个知识领域，所以也存在一个全新的“知”和“不知”。孔子告诉子张怎样避免过失、避免后悔，做到这两点，就是“禄”在其中。“干禄”的“干”是“求”的意思，这个词也是活词，今天仍然在用。

虚白：很多东西大家都没注意。《论语》第二十篇《尧曰篇》只有三句话，第一句是“尧曰”，第二句是“子张问于孔子”，第三句是“子曰”。子张问于孔子的是“何如斯可以从政矣”。第十九篇是《子张篇》，开头就是“子张曰”。除了热衷做官，我们还可以通过子张的提问看出，子张关心的要点其实是如何实现人生通达。所以我们应当看到子张的重要性，他的事迹虽然很少，不像子夏、颜回、子路、曾子等人有那么多记载，但实际上他在《论语》中的地位是很高的。

学恒：《为政篇》讲到这里，就是谈具体的为政方法了，也可以说是一个术的层面的内容了。

虚白：对，孔子是在教具体方法了。具体方法也是因人而异的：孔子教育冉有的方法是叫他做一件事情的时候不要过多考虑，快点去做；而这里教育子张的方法却是说在官场上不要逞莽夫之勇，千叮咛万嘱咐要多加小心。因为官场是个险恶的江湖，连国君都是“斗筲之人”，何况进入官府。你没有害人之心，但是不见得别人没有。这是父亲对儿子般的嘱咐。

曾伟：我认为孔子的确是因材施教，但归根结底是让我们在与人相处时，不要有太重的执着心。你认为对的，不一定对，所以要慎言；你认为该做的不一定马上能做，所以要慎行。总之不要认为自己太完美，所以要“阙疑”、“阙殆”，要留有余地。因为我们常人的心就是有“缺陷”的，“未知”的永远比“已知”的多得多。在这种情况下，必须抱着对“未知”的敬意去行事，“慎”和“戒”自然成为我们言行的准则。而冉由是个多虑之人，孔子反过来鼓励他雷厉风行，这也是在断冉由对“思”的执着。

同时，孔子也是在弟子们对“学”和“孝”掌握了以后才来讲“术”的，如果德没修到，官也未必当得好。所以前面是讲练内功，后面才讲具体怎么做。前面讲道，后面讲术。

学恒：如果子张没有前面“学”和“孝”的铺垫，孔子是不会跟他说这些话的。

虚白：孔子跟自己不同等级的学生讲的内容是不同的。入室者有颜回，升堂者有子路，还有一批人在院子外头。孔子的学生是分好几个层级的。

学恒：有门外的，有已经进了大门的，有登堂的，有入室的。我们常说“登堂入室”，是连起来说的，其实，登堂与入室是两个层次，入室是更高的层次。

虚白：但圣人对自己的弟子都是充满慈悲之心的，他会像爱儿子一样爱自己的弟子。只不过他教学时会针对弟子修行所处的不同阶段采取不同方法而已。

理下有情　情上有理

虚白：《为政篇》第十九章。

哀公问曰：“何为则民服？”孔子对曰：“举直错诸枉，则民服；举枉错诸直，则民不服。”

上一句“子张学干禄”讲的是做官术，但还是在官僚的中下层，这一句就是讲上层了。

学恒：这是讲给统治者听的。

虚白：对，“子张学干禄”是求官，是往上升。这句话是统治者选拔人，前者求官，后者举官。鲁哀公在历史上很悲惨，很衰微，他问“何为则民服”？就是自己怎么做，老百姓才能够服从。统治者上来就这么问，说明心思很差。

曾伟：他一上来不问怎么让人敬，也不问怎么让人信，而是问怎么让人服，这就足以看出这人的境界之低。孔子从来没说过怎样让人服自己的话。

虚白：“举直错诸枉，则民服；举枉错诸直，则民不服”，字面的意思是说把正直的人放在邪恶的人上面，百姓就服；把邪恶的人放在正直的人上面，百姓就不服。“诸”就是“之于”的意思，是这两个字的合音。

学恒：“错”有放置的意思，“枉”是弯曲的意思，跟“直”相对。

虚白：孔子经常使用借喻，他这句话是借用了建筑学中安置房梁过程的例子。“直”就是造房子时候的直料，“枉”就是弯的木料。做房子应该是把直的压在拱起来的弯的上面，这才符合受力原理。把“枉”（弯）的放在直的上面就不对了。

这个比喻很形象，孔子说你放错了，房子就要塌，百姓就不服；反过来，你把直的放在弯的上面，拱形受力才成立，这样才是对的。

不管是路还是桥，都是上面直，下面是个弯拱；如果桥的下面是直的，上面是弯的，桥就要塌了。梁也是这样。中国的建筑学到后来特别烦琐，不能用弯曲料，所以解决办法就是不断做斗拱结构。斗拱结构越来越复杂，把弯的都变成直的，我们后来的建筑都没有曲的东西，成了所谓“勾心斗角”，全部变成直的了，也不好。

学恒：还有卯榫结构。

虚白：对，全部变成直的，非常复杂，虽很漂亮，但是其实都不结实，传几千年是不行的。结实的是赵州桥，赵州桥要是用斗拱结构，桥早就塌了。孔子所处的时代人还没这么复杂，没有非要“宁直不弯”。那时候大家搞建筑的时候还考虑力学，后来我们就只知道道德审美，力学结构退其次了。

曾伟：这简直是一个现代企业组织架构的设计原则，这里包括了人才使用、人才放置以及什么样的人放什么样的地方等，都讲得清清楚楚。

虚白：对，弯的在下面，直的在上面。

这里的“直”和“枉”，本意是指木头的直和弯，弯曲的木头和直的木头一样，其实都是材料。不是说弯的木头就是废料，直木就是好料，不是这样。弯曲的木头要放在下面，直正的大料要压在上面，这是造桥和造房子的基本道理。

曾伟：所以，也不能把它理解成君子和小人的区别，不能简单地把孔子的这句话理解成要用君子管小人，而不能用小子管君子。

虚白：“直”可以理解成讲规矩、有守则的官，这样的官应该放在上面，而“枉”可以理解成有点圆滑甚至投机、喜好变通的官员。

曾伟：等于最高层要有很强的原则性，而到了基层就要求很大的灵活性。原则性也在上面，灵活性在下面。下面的人要承担具体的工作，不灵活、不变通也不行。

学恒：可以把这个“直”看成一把手，而把“枉”理解成副手，副手跟一把手的确是有区别的。

曾伟：副手不能太直，否则下面的人没法跟你处，同样，副手太直跟上面也处不了。

虚白：“直”在这里不是指性格。

曾伟：对，是指原则性和灵活性的比重而言。

学恒：回到哀公的问话，其实孔子是给哀公提供了选拔人才的原则。就是一定要将原则性强的人置于灵活性强的人之上。

虚白：这样的社会和组织才会稳稳当当。

曾伟：我在企业里也发现老板的灵活性不能太强，老板的灵活性一强，下面就无所适从，因为最终的解释权在他身上，若他总有不同的解释企业就会很不稳定。

学恒：但是还真的需要一些能伸能屈的人来办事，有的事情没有润滑剂也不行。

曾伟：政策很强硬，但是操作起来却很有灵活性。这是中国社会的一大特点，企业也是如此。往往上面制定了政策，到下面都有很大的伸缩幅度，甚至有时候上面也会睁一只眼闭一只眼以给下面一定的灵活性。

虚白：这可以理解成：理下有情，情上有理，理在情之上，情在理之下。

曾伟：对。理在情之上。但现在很多企业恰恰反过来了，老板尽搞人情，而下面的管理者却很死板，于是员工自然不服了。很多企业老板该好好把这句话读一读：理在情之上，民则服；情在理之上，民不服。

表面上好像最上面的人很讲人情，下面的人就会很舒服，但到最后，这个企业的管理是没有恭敬心的，人心是不服的。

虚白：孔子对国君讲的是大道，它一定是非常深刻的。

学恒：我觉得“直”在《论语》中是一个很重要的概念，也是一个境界，后面很多地方都谈到了“直”。譬如孔子说“孰谓微生高直”？有人向微生高借醋，他家里没有，就借别人的醋给那个人。孔子认为这样的人不能算“直”。

还有一个故事是说，有一个叫叶公的人，对孔子说他管辖地方的人很正直：父亲偷了别人的羊，儿子举报了父亲。孔子说他的老家曲阜，人也很正直，但是他们那边的人，如果父亲偷了羊，会“子为父隐”，并且孔子认为，“子为父隐，直在其中矣”。“子为父隐，直在其中矣。”这里的这个“直”值得玩味，为什么“隐”反而是“直”？我们来辨析一下。

回到孔子当时的语境中，在古代一只羊是很贵重的，儿子要是举报父亲偷了邻居的羊，父亲可能会被判死罪。

虚白：其实不是“偷”羊，而是“攘”羊，就是把邻居的羊推到自己家去了。

学恒：“攘”也是不对的，尽管做父亲不一定是故意偷羊，有可能是羊跑到他家或者跑到他的羊群里，他就顺手牵羊了。但不管怎么样，这件事一旦被告发，这个父亲可能会被判重罪甚至死罪。因此在这样的背景之下，孔子不主张儿子举报父亲：一个人的性命还不如一只羊吗？

所以，如果我们知道这是人命与兽命的比较，那这个问题就很清楚了，何为正直、正当的行为就明白了。“子为父隐，直在其中矣”，这个道理很简单：为什么要用儿子告发父亲这样的举动来证明人很“直”呢？孔子作为圣人，内心过不去这道坎。

曾伟：把生命看得比原则重要，这是中国文化的核心。

虚白：很多人解释“直在其中”是“直”体现在“隐”这件事中，这样的解释是把“其中”当成现代汉语的用法，但“中”在孔子的时代是有确切含义的。正确的解释应该是：父子关系是“中”，是大道，“直”不能违反这个大道，“直”要含在这个大道之内。“子为父隐”之所以称为“直”就是这个道理。

学恒：亲情关系明显比羊的性命重要，举报之后父亲可能被判极刑，这样的话，以父子关系为重，以人的生命为重，就成了行“中”道，成了大道理。这样的行为也自然成了“直”。

虚白：这个“中”实际上就是仁孝，而仁孝就是“正直”。“正直”首先应该体现在父子之间的仁孝当中，一个“慈”，一个“孝”。

曾伟： 这是作为人不能背离的原则。

虚白： 不能背离慈孝，慈孝追求本，一是“敬”，一是“仁”。

学恒： 这个社会一旦违背了孝的根基，造成的危害比偷羊要大得多。

虚白： 伦理关系不能乱。

学恒： 法制可能受侵蚀，但只要社会根基没有被动摇，造成的危害就不可怕。但如果因为一件小事动摇了社会根基，造成的危害就会无可挽回。

曾伟： “孝”是中国人一种生命观、文化观的奠基。中国人不信仰上帝，当时也没有佛教，也没有“空”的境界和说法，只能拿看得见的“孝”来表明生命的无限，让人们对生命产生永恒感。如果失去了“孝”，那么每个人都会活在个体短暂生命的感觉当中，自私自利、及时行乐就会大行其道。

虚白： 用孔子的话说就是“礼崩乐坏”。礼崩乐坏的一个标志就是为了自己的利益，臣弑君，子弑父。这在孔子的时代，并不少见。所以，孔子说要让这样的事情不发生，必须维持一定的伦理关系。

学恒： 不能因小失大，严惩小过错却损坏了大义。

好管理从最小单元抓起

虚白：《为政篇》第二十章。

季康子问：“使民敬、忠以劝，如之何？”子曰：“临之以庄，则敬；孝慈，则忠；举善而教不能，则劝。”

季康子请教孔子该如何让老百姓恭敬我、忠于我，还要勤勉地工作？

子曰："临之以庄，则敬。"我们以前在"君子不重则不威"里讨论过这个问题，就是君子一定要威，要庄严、庄重。因为庄严是君子风度之一，而"临"就是管理。

"孝慈，则忠"，是指为政者在父子关系上如果能做到孝慈，那么百姓就忠了。"举善而教不能"，"善"就是指有能力品行又好的人，把这样的人提拔起来做管理者，然后培训能力不行的人。这样大家就勤勉了。

季康子从大臣以及国家管理者的角度思考，就需要下属"敬、忠"，还要勤勉工作。孔子认为季康子所希望的事情可以实现，但是要从领导者这里发出来，而不是光想着怎么役使老百姓。

学恒：这段对话，理解上难度不大。需要注意的是"劝"，本意是劝勉，这里是勤勉的意思。"劝"字也是活字，比如"天津劝业场"，全国不少地方都有劝业场。

季康子的出发点和落脚点是怎么样让百姓如何如何；孔子则认为，首先当政者自身应该如何如何。正己正人，以上率下。

虚白：上行下效，最重要的是上行，下面一定会效。这是中国文化中根深蒂固的东西，如果社会不好，一定是上梁不正下梁歪。前两年网上骂刁民，说社会乱是刁民祸害的。其实中国古人是不骂"刁民"的，中国古代是有刁官无刁民，而现在是到处有刁民，这是因为现在有些官员就类似于季康子。

曾伟：企业也是一样的，老板想的就是怎么把人管住，没想过自己该做什么。

学恒：实际上孔子他的原意不是让统治者怎么样去统治老百姓，而是要管理者率先垂范。"君君，臣臣，父父，子子"也是这个道理。包括前面我理解的"先行其言而后从之"同样是讲这个道理。孔子包括后来孟子都是要求统治者自己首先要做好，而不是说千方百计想怎么样让民服，让老百姓听话。

但是当统治者把儒学作为显学的时候，都是拿过来要求老百姓应该怎么做。

虚白：孔子对领导人提的要求很高，而且是有次第的：处理国事，临之以庄；处理家事，“孝慈，则忠”。这里并没说谁孝慈，可以解释成提倡孝慈或者自己做到孝慈。

二十四孝里是有汉文帝的，为政者首先做到孝慈，那老百姓或下属就会忠于他。如果像卫灵公、卫出公那样把家里搞得乱七八糟，老百姓自然会乱。

这里讲得非常透彻，领导者要从自己的领导风格、家庭关系以及对待老百姓的方法入手。如果这三个方面都做好了，那老百姓自然就勤勉了，自然就尊敬你、忠于你，就会是一个其乐融融的社会。

虚白：我们再看《为政篇》的下一章、第二十一章。

或谓孔子曰：“子奚不为政?”子曰：“《书》云：‘孝乎惟孝，友于兄弟，施于有政。’是亦为政，奚其为为政?”

学恒：有人在孔子闲居的时候问孔子：你为什么不出来做官？孔子回答道：我虽然没有出去做官，但我在家里能做到对父母孝敬和对兄弟友爱，这就相当于我在施政了，不是说一定要出去当官才是为政。

他的意思就是把孝、友的基本功练好了其实也是在为政，所以孝在孔子的论述中所占的地位是非常高的。孔子说“父为子隐，子为父隐”，他宁愿牺牲掉一些司法公正也要保留孝。因为孝是整个社会的基石，如果把孝给抽掉，家就不成家了，社会也就不稳固了。

“施于有政”等于“施于政”，“有”字是一个虚词，在这里没有实际意义，这属于构词法的问题。“是亦为政，奚其为为政”，意思是说，为什么只有做了官才算为政呢？我现在这么做我也视同为政。

曾伟：把家管好是为政的基础。而且管好一个家也并非易事。

虚白：“是亦为政”的“是”，在这里是“这”的意思。孔子这里是在强调家与国之间的同构关系。因为同构，所以中国人修齐治平先从家开始。中国人现在很强调舍小家顾大家，而古人是先修好小家后治好大家。我认为这个关系不能颠倒：如果小家都没了，为什么还要大家？小家都治不好，如何能治好大家？每个贪官后边都有一个贪婪的家庭。

学恒：修身齐家是治国平天下的基础。

虚白：反过来也是孝确立的基础，也是国家和百姓之间关联的纽带。

学恒：《大学》把这个关系讲得很清楚的。《大学》的第一句话就是："大学之道，在明明德，在亲民，在止于至善。"接着就说："古之欲明明德于天下者先治其国。欲治其国者先齐其家。欲齐其家者先修其身。欲修其身者先正其心。欲正其心者先诚其意。欲诚其意者先致其知。致知在格物。"它是这么个顺序一步步下来的。

为什么《为政篇》要谈那么多孝？如果反过来用《大学》的"修齐治平"来佐证《论语》就会发现这里面其实很有意思。

虚白：在孔子眼里，家国始终是一体的。所以，这个政是广义的政，家政也是政。

"无我"之人最温暖

学恒：最近看到一篇文章，作者在文中对孔子进行了大力批判。文章的题目是"孔子悖论"。他说在孔子的家国一体中，见不到人。他的意思是西方国家比较注重个体，而孔子则只强调集体的家和国，抹杀了个体的人。

虚白：中国是个自由民社会，中国古代是分封制，每个人都有一个姓氏，人们只需要管好自己、种自己的地就可以了。中国古代的官少，所以税也很低，而且古代中国又不会经常去征服别的国家。所以中国人活在一个个体极其自由的社会里。中国是个“私社会”。中国人是一个自我感觉良好的民族。

而西方是奴隶社会，是与中国相反的人身依附的社会。在这样的社会中，人们因为没有自由而呼吁人的自由。

中国是个“私社会”，但中国人讲求“天下大公”。因为自己的内心世界是自由快乐的，所以每个人都会想着天下，这就是先王之道。先王之道就是每个个体是自由的，然后再天下大公。这些说“孔子悖论”的人不知道我们的民族在90%多的时代里是比西方人强的。

曾伟：很多人都喜欢说中国的儒家文化重家国、轻个人，关于这点我发表一下我的看法：西方社会是个人先于集体、先于整体，而东方社会是整体先于个人，集体先于个人，家国先于个人的。

在西方社会，个人是前提。个人跟个人缔结各种各样的契约，才形成城邦；城邦与城邦缔结契约，才形成国家。西方社会以个人为基础。中国社会不是这样，人们自始至终生活在一个群体社会当中，可以说，一百年以前的中国一直都是这样。你去广大的乡村，还能深切地感受到群体社会绵延几千年留下的痕迹，以及在当下人们内心留下的深深烙印。

虚白：那是一个自给自足的社会。

曾伟：如果在一个村子里，你得不到认可，你是无路可走的。这就是群体先于个人的体现，一个人的存在感是以群体的认同为前提的。

虚白：这恰恰是下一段孔子要说的。

曾伟：说“孔子悖论”的人不理解孔子的境界所在，这也是东西方文化在境界上的差异。我们中华大，不大在疆域，不大在人多，大在境界。

孔子对生命的理解是超越个体的，在孔子的眼中生命是整体的存在，他称之为“天命”。孔子说“五十而知天命”。我们可以把这里的天命解成使命，也可以直观地把它解为天、地、人一体的永恒无限的生命，即那个贯通天地的“吾”。

这种对个人困境的突破，这种生命的整体感我们要学佛多少年才能体证。但这是孔子对生命的最基本的认知，这真是一个了不起的立意。他让哪怕是一个没有文化的中国人，也能从生下来开始就有机会摆脱自我个体的困境，就重视群体的认同，就有了与周围融为一体的社会氛围，这是一件多么令人温暖的事呀！

这样的文化是一种真正慈悲的、人道的文化，是一种能圣贤辈出的文化，是一种能让种族繁衍昌盛的文化。事实不是证明了吗？现在世界上还有哪个文明古国能像中华一样以一个强大的国家形态绵延数千年而不中断，并且当下还获得了如此的经济成就。我去过世界三十几个国家，包括很多的文明古国，唯有中华如此，这是孔子的大功大德呀！

虚白：中国曾经有许多的时代，老百姓走在路上都要唱着歌。我们今天也有这样的环境，那些自给自足的少数民族，就是边劳动边唱歌。中国人真的把劳动当成幸福。

为什么我们老赞美我们的祖先，因为从皇时代到帝时代再到王时代，到今天的社会主义社会，我们的社会就是这样过来的。

秦始皇称自己为始皇帝，他对自己的期许很高。因为中国人认为比王的制度还好的是三皇和五帝，秦始皇认为他超越了夏、商、周三代，他比这三代的王都强，所以他自称始皇帝，把皇和帝的精神合在了一起（当然，这是一种狂妄）。

曾伟：我觉得写“孔子悖论”的人，真的不了解孔子的境界到了哪里。

虚白：一个是孔子的境界，一个是中华文化的境界。

曾伟：孔子达到这个境界以后，就给整个中华民族的文化做了一个顶层设计，也就是原点设计。

虚白：我们现在仍然是孔子的思想、孔子的意识，我们这个民族仍然是以这样的文化在延续。

学恒：很多人经常把自由挂在嘴上，但自由的真正含义大家理解了多少？

曾伟：他把自由和自在等同起来了。自由不是自在，禅修过的人就知道，禅修是很不自由的。禅修打坐时，我两只腿盘着，身体不动，自由吗？不自由，但我的内心却很自在，所有的担忧、牵挂，内心的障碍、烦恼都消失了，感到特别的宁静、心安，这就是极乐。我们到处跑的时候是自由的，但内心是很焦虑的。安心才能自在，疲于奔波的人怎么安心啊？而安心却不一定自由。

虚白：讲到中国人的生死观，我就讲一讲“崖山之战”。中国那时是自给自足的社会，因为元军来了，我们要失去自由了，大家自愿选择死，最后十几万人投海自尽。在崖山之战前，湖南官民也曾英勇地抗击过元兵，兵败后也是举城殉国，一时潭州人民纷纷举家投井、缢林，一时间“城无虚井，缢林者累累相比”。我给学生讲这些的时候，很多学生都会痛哭流涕。他们从来就不知道我们这个民族是这么令人骄傲，这个文化如此让人安身立命。

曾伟：这真是视死如归，一种“归去”的感觉。

虚白：那叫纵身一跃，是十几万人纵身一跃。

曾伟：所以，生命整体感的强化是我们文化的核心。我觉得从“多闻阙疑，慎言其余，则寡尤”，一直到“子奚不为政”，不断在强化这一点。比如“慎言其余”，“慎言”就是让我们持戒，因为“我”慎言了，“我”持戒了，“吾”的言行就会更合天理，更加通达。庄子不是说过“吾丧我”吗？“我”不丧，“吾”怎么能活，贯通天地的“人”怎么活得过来？

“直”和“枉”的关系也一样。从整体来看，直和枉，原则和灵活，都各有它的位置，都必须服从整体的放置。个体错落有致的搭配才能形成整体的结构，而整体的功效正是源于内部的结构。《道德经》说：弱者道之用。弱化自我、个体是整体大道发挥作用的前提。

“使民敬，忠以劝，如之何”，其实当季康子这么提问的时候，他还是一个个体生命的概念，孔子就比他的境界高。他告诉季康子：你是活在一个整体中的。你把自己和别人当作一个整体，你想得到“敬”，你就会“临之以庄”。因为上有呼，下有应，你一“庄”，下面自然而然就会“敬”，你“孝慈”，下面就会“忠”，你们是个整体，整体是相互感应的。左脚走了，右脚就会跟上。“庄”和“敬”是对应的：你一“庄”，他就“敬”，“敬”是跟着“庄”走的。同样，“忠”和“孝慈”也是对应的，“忠”也会跟着“孝慈”走。

虚白：上行下效。

曾伟：对，你是负责“庄”的，你就把“庄”做好；他是负责“敬”的，他就自然会把“敬”做好。是先“敬”还是先“庄”？当然先“庄”。因为你在脑袋这个位置，必然是你先“庄”，他才“敬”。这个先后是你的位置决定的，如果你跑到下面去，那就是别人“庄”，你来“敬”。

虚白：其实，中国传统文化中，也有很浓厚的个体精神，“天行健，君子以自强不息”，君子自强就是个体的事，乾卦里的龙也都是一个个的个体。

学恒：不能说我们不重视个人。

虚白：文天祥就是个体表现出来的视死如归的典型。崖山十几万官兵跟文天祥是一样的，是同构的。中国不是只有文天祥，崖山十几万官兵与文天祥是同一时期死的。文天祥是国相，陆秀夫也是国相，文天祥被杀，陆秀夫背着少帝蹈海殉国，同样的壮烈。文天祥被杀之后，元朝还要祭奉文天祥。

曾伟：对他的礼遇相当高。

虚白：对，蒙元都知道，如果蒙元人有文天祥这种精神，老百姓就会为大元效死。所以英雄的血性不是来自自然的性格，而是来源于文化基因。文化可以使每个人都视死如归。

曾伟：中国人的最高价值是“安”：心安、平安、安全。都是“安”字，不是自由。“安”的本质是自在，自在比自由的境界更高，自由是相，自在是本。

虚白：中国人的“安”跟西方人的“安”也不一样。西方人的“安”是信上帝，人与人之间是不安的，所以他们互相要签契约，这代表他们彼此是不信任的。而中国人的“安”来自彼此的“信”。

人而无信何以行

虚白：我们看《为政篇》第二十二章。

> 子曰：“人而无信，不知其可也。大车无輗，小车无軏，其何以行之哉？”

“輗”这个字，音 ní，一个“車”加一个“兒”；“軏”这个字，音 yuè，一个“車”加一个“兀”。这里提出了中国人一个非常重要的观念，就是“信”和“行”之间的关系。比如老板经常问员工“你到底行不行啊”，其实就是问“你到底自信不自信”，信就是行，行就是信。

曾伟：所以自信的人就有行动力，没有行动力的人归根结底是因为不自信。

虚白：判断一个人行不行、做某件事情有没有能力，首先要判断他信不信。

这个“信”，既是可信，又是自信。“人而无信，不知其可”，就是连“信”都没有，就根本不知道这人行不行，所以下一句就是“其何以行之哉”。我们说一个人行不行，用的是行动的“行”；孔子很精妙，用的是车行的“行”。车能行，是因为一个有輗，一个有軏。

大车是用牛拉的，因为有輗套着它过来，所以我们称为“驾辕”；小车是用马拉的，用軏套着。“信”就相当于人用车拉着在行走，人的行为、行走当然既有效率，又有效果，这都跟人的“信”有关。

所以中国人问一个人能不能做成某件事、行不行，其实既考虑了有没有能力，又考虑了这件事情的结果好坏。

曾伟：其实也就是问这人有没有信心。老子的《道德经》中也说过“其精甚真，其中有信”，其实“信”就相当于一种本源的能量，有这种能量就行。没这种能量，你想行也难行。

虚白：“信”就变成“行”的源头、原动力。所以孔子在这里提出了“信”和“行”这个重要的命题，很多人忽略了孔子举出的例子，但实际上这个例子非常重要，这是一种象思维。马和牛拉车，靠的是辕，赶车的人没有辕，驾车技术再好也达不到目的，走不了。孔子将一个人的“信”比作“辕”，就表示“信”是一个人行动力、执行力的源头。信从哪里来呢？“信”来自文化。

“不知其可”就是一个人若没有信，真不知他该怎么办。你说牛车没有辕会怎么办呢？寸步难行呀！“可”这种用法今天还有，问一个人行不行的时候也会问“可不可以？”

学恒：聊到这个“信”字，我想插入一个话题，现在社会上很多人认为“中国人没有契约精神”，这种说法成立吗？中国人最讲信，却被扣上了不讲契约精神的帽子。我曾经思考过这个问题，文章也写了一半，初步的思路是，就是因为中国人很注重“信”，所以就不注重契约了。这里是不是也有一个本与末的关系？

虚白：人而无信才会讲市场契约。

曾伟：“约”本身有两种，一种是“契约”，也许中国人从古至今确实不会从“契约”的角度来谈“约”的精神，这不是我们的传统。另一种就是孔子说过的“不爽约”的“约”，这个“约”不是契约，而是跟“信”对应的，指的是信用。中国人当然讲信用，中国人的“约”跟“信”连在一起，而不是跟“契”连在一起。

学恒：“契约精神”这个词当然是从西方来的，但“契”这个字早就有了，比如房契、地契。

曾伟：中国人不会把“契”当作文化层面的东西，而是“器”的层面的东西。

虚白：中国古代有很多青铜器，其实这就是当时的“契约”。我们约好了，然后用刀子刻在木板上或铸在铜鼎上，就叫契。中国人也很重视这个。

学恒：“信”和“契”应该是互补关系，有信的时候，就没有必要用到契约；一旦用到契约，就一定是在没有信的时候。

曾伟：“信”本身也是一种“约”，但“信”这种“约”和“契约”的“约”区别就在于，“信”这种约更是一种精神层面的，而“器”这种“约”是一种工具层面、物质层面的。所以中国人不是不重视契约，而是没有把契约上升到很高的高度来看。

“信”这种“约”的价值才是我们真正崇尚的。中国人的“约”是精神价值，不是物质价值。中国人遇到朋友、伙伴违约时，最难受的不是利益的损失，而是精神的打击，是被欺骗的痛苦，是朋友背“信”弃“义”的痛苦。

虚白：由于中国古代没有成体系的分工经济，所以不可能重视物质层面的契约。中国人有契约精神，但是在自给自足的经济条件下，契约不会作为一种现象被广泛提倡。

学恒：“信”实际上是“诚”，“诚信”就是指一个人守不守信、诚实不诚实。

曾伟：应该更多地从文化角度考虑，西方早年也不是市场经济，但是“契”被提升到一个很高的地位是来源于很深的文化因素，看看西方的宗教就知道。

《圣经》的本质就是告诉你，人跟上帝有契约，违反契约就要受到惩罚。《圣经》也被分为《新约》《旧约》。

上帝跟亚当、夏娃约好不要偷吃禁果，但他们违约了，受了蛇的诱惑，因此被上帝逐出伊甸园。这是人类第一次失约。第二次失约，是上帝叫他们的后代去耶路撒冷，在那里建立一个大国。当时他们也答应了，但后来的子孙跑到了埃及，最后整个民族受奴役。摩西后来带着他们出埃及，重回与上帝约好的地方。

他们发现，每一次违反跟上帝的约定就会受到惩罚，遵守跟上帝的约定则会平安。与上帝的约定成了他们生存的准则、信奉的对象。所以这种“契约”不是源于市场的契约，而是跟上帝的契约。因此西方“契约精神”的根源是“自”“他”对立，“自”之外还有一个“他”。生命之外还有一个至高无上的统领者、主宰——上帝。

中国文化里面没有他者，只有自己，自己与他人是一个整体。自己跟自己怎么定契约？自己跟自己只有信。我们在生活中，不也经常这样说：咱们俩谁跟谁呀。意思是都是自己人，还用得着防着对方吗？是不是自己人是我们与人交往的一个很重要的概念。自己人，彼此信任，事情好办；不是自己人，事情就难办。自己人为什么好办？有“信”呀！广东人干脆说得更直白：不熟不做。所以中国人在生意场上，总是先交朋友后做生意，为什么呢？先把别人变成自己人再说。

契约实际上是他者与自己的分离和对立导致的。他和自之间产生约，自和自之间产生信。所以，中国人说自信，西方人讲契约，这是一个相互对应的概念。中国人讲信不讲契约的文化根源就在这里：我们没有他者宗教。

学恒：缺乏“他信”“互信”才需要有契约。而且，在缺乏信的基础上签订的契约，往往也得不到很好的遵守、履行。这种情形在中国也是很普遍的。

虚白：我们的领导人现在就非常明确地意识到，现在社会上的很多问题究其根源都是民族自信心的问题，问题的根在“信”上。

曾伟：对。因为自己跟自己不统一了。每个人都觉得不是在跟自己人打交道。

虚白：为什么没自信？其根本是你的文化被人家动了根。

学恒：我们现在是信也没了，契约也没有了。我们是先把这个契约捡起来，还是先找回我们的信呢？

曾伟：不找回我们的“信”，中国文化是没有根的。道家讲：“道之为物，惟恍惟惚。惚兮恍兮，其中有象；恍兮惚兮，其中有物。窈兮冥兮，其中有精；其精甚真，其中有信。”（《道德经》）最后落在“信”字上。佛家也讲：佛法大海，唯信能入，唯智能渡。信是基础。修行的“信解行证”四阶段，也是从信开始的。信是中国文化的根基。而西方文化的根基却在一个“约”字上，《圣经》不就是旧约和新约吗？

虚白：西方人讲约，也是因为不信就遭难，最后人们才信了——也得信在其中。

曾伟：西方人是先有约后有信，“信”建立在“约”的基础之上。

虚白：中国人是先有信后有约，“约”建立在“信”的基础上，信是契约的人文精神。

曾伟：我是开公司的，我在与客户谈单时，经常负责任地跟他讲：你要从我们过往做过的项目中去了解我们，从我们出版的二十几本案例书和理念书上去了解我们，从我们的客户那里去了解我们。如果你们了解之后，觉得我们可信，再来谈合作。不要只是从合同条款中去维护自己的利益，理论上讲你这样做是对的，但操作上作用不大。因为你要是遇上一个没有信用和良知的顾问公司，你是很难避免损失的。顾问咨询的工作就是良心工作，否则，一套文本、几场培训也是可以糊弄人的，我们很多同行就靠这个过活。当然他们干不长，但你的损失就难以挽回了。先了解对方，在信任的基础上再谈合作，这是我的经商原则。

虚白：中国人把信当作人与人之间交往的精神支柱。

曾伟：新劳动法刚颁布的那一段时间，很多顾问、律师给老板出主意，教他们怎么写劳动合同，让员工就是想找企业打官司也打不赢。为了避免员工打官司，有个律师给广州一个做水的企业老板出了个主意，要他不跟员工签劳动合同，而跟员工全部签生意合同。这事后来被广州电视台曝光，这家企业不久就倒闭了。

所以，我跟与我合作过的老板说，你千万不要想着怎么打官司打赢，而应该想着如何让员工不跟你打官司，让他不想跟你打官司的唯一方法，是让他信你。

我们公司也有法律顾问，他曾跟我说，在广州市区，像我们这样一个一百多人的公司，十三年来只发生过两起劳动官司，在他的客户里头是绝无仅有的。我说我就有一条原则：让员工没有跟我打官司的想法。

有一次发生劳动纠纷时，律师一到我这儿来就说："教授，我有一招让你绝对打赢他！"我说："你错了，我让你过来替我打官司，但你别把这个官司打赢。"他说："那就别打了。"我说："要打，但别打赢。"他当时听晕了。最后证明我对了。我切身的体会就是不要指望靠一个对自己有利的契约去赢别人。

学恒：你让他赢了，他就不折腾了，这是"让"。

曾伟：不是这样，应该说双方都没输，因为后来官司没打了。你抱着能赢不赢的心，双方就庭外和解了。实际上他是误解了我。这是我下面的一个副总造成的麻烦，最后我们面对面坐下来谈透了，他放弃了打官司，我们庭外和解。他之所以不打了，还是源于一种信，他信我了。十三年下来，我之所以避免了跟员工的一些矛盾，而且这些矛盾都没有上升到法律层面，靠的是信，员工信我，不是靠契约。

虚白：无信有约不行，有信无约是行的，人就是这样。

曾伟：古语不是说“大信不约”吗，无信有约不是约，有信无约也是约，这句话应该这样讲。

学恒：所以最后还是要恢复信，功夫要下在这个地方。

曾伟：我做了十几年顾问咨询，服务了四百多家企业，只在十年前跟客户发生过一次法律纠纷。为什么？因为我和咨询师们都凭良心为客户做事，咨询师普遍非常敬业，这样为人服务，有问题也会协商解决。而且中国大量的企业其管理问题都不是什么高难度的问题，只要大家以敬业的心态加上我们服务几百家企业获得的方法和经验，是绝对能取得明显效果的。我觉得良心的心和信还真有同样的意思，心到了，信到了，还有什么矛盾？有矛盾也犯不着打官司呀！

学恒：先不说中国人有没有契约精神，我们要弄明白：是培养中国人的契约精神重要呢，还是让中国人找回自信、找回诚信、找回信任、找回信仰重要？

曾伟：你往契约走，就是往官司走，在卦里面就是讼卦。

虚白：无讼是最高境界。

曾伟：对。西方人讲讼赢，但讼赢不是最高境界。

西方人讲法治，我们讲仁德。法治当然要讲，但如果法治没有仁德作基础，法的精神在哪里呢？孟德斯鸠写过一本书，叫《论法的精神》。法律的精神不等同于法律条文，中国人的法律精神就应该是仁德。

虚白：不以信而以约为基础，西方创造了完备的组织和制度。我们也要感谢西方，他们的做法我们拿来就可以用了。

曾伟：但不能因为这个“用”就把我们自己的“本”给丢了。

虚白：异端，我们拿来就行。

曾伟：契约不能成为中国人的根基，诚信、自信才是中国人的根基，自信是对自己的，诚信是对别人的。

虚白：这就是同端。

学恒：所谓民无信不立，以信为本，信才是一个本。信和契约是本末关系，我们还是要回到这个根本。

曾伟：我们不能以契约为本，只能以契约为用，我们的根基一定是信。信用信用，我们是在信的基础上产生用。

学恒：我发现我们这样读《论语》，其实是为了行。

曾伟：对，最终是为了行。契约不是最高价值，订立契约也是为了行：我跟你订个合同，我们好在一起做事；我跟员工订劳动合同，我们好一起组织这个企业；我跟客户订个生意合同，我们好在一起做生意……契约是为了行而已。但是孔子讲了，中国人的行从信开始，不是从约开始。“人而不信，不知其可也。大车无輗，小车无軏，其何以行之哉?”西方人的行从约开始。

学恒：关于信与契约这个话题我再做点小结：一是，信是本，契约是末，即信是内在的约束，契约是外在的约束；二是，本与末是互补的，都是不可或缺的；三是，没有信这个本、这个基础，即使有了契约，这个契约也不能保证得到很好的遵守和履行；四是，市场经济条件下，契约越来越普遍也越来越重要，要确保契约的有效性，除了法律法规的完善外，最重要的，还是要从内心深处培养起“信”的根基。

百世可知的自由民精神

虚白：我们接下来看《为政篇》第二十三章。

子张问："十世可知也?"子曰："殷因于夏礼，所损益，可知也；周因于殷礼，所损益，可知也。其或继周者，虽百世，可知也。"

你看，子张问的问题不是问知，而是在问文化的承继性这样一个大问题。孔子说，"殷因于夏礼，所损益，可知也"，这个损益是说好的加上去，不好的淘汰掉。

孔子接下来说了一句，"虽百世，可知也"，百世基本就到我们了。我们批林批孔了。

曾伟：孔子没想到。

虚白：所以"其或继周者，虽百世，可知也"这句话非常重要。继周者，虽百世可知也，那你不继周呢?

学恒：这个孔子是不知道的。孔子时代认为，一世为三十年，十世是三百年，百世就是三千年。孔子去世至今将近 2500 年，如果从孔子出生算起，则是 2566 年了。85 世了。

虚白：对。秦始皇废了封建制，改中央集权了，孔子当然不知道了；我们搞"文革"，他当然不知道了。

孔子创立了儒家礼仪天下的文化，奠定了中国人的人文基础之后，后世继承弘扬，百世的情况他当然知道，但如果我们改弦更张，做不"继周者"，他就不知道了。可如今我们返璞归真，寻根问祖，重读《论语》，正如同又在聆听孔子的教诲，仿佛孔子又在教化我们，百世又是可知道的了。礼既是政治又是文化，孔子作为一个政治的预言家错了，但作为一个文化的预言家和创立者，他又说对了。

我们老说伏羲是文化始祖，其实孔子也是文化始祖。孔子提出来所谓继周，实际上就是周所开创的人文礼乐的文化，只要我们继承了，以后的情况我们是可想而知的；不继承，以后的情况就不可知。所以，只要中华文化这个火种不熄，再继百世，百世后的情况我们也是可知的。我们的文化应该是越来越纯正，越来越醇厚，不好的东西就给淘汰了。

曾伟：有损益，但这种人文的精神一直传承，像大浪淘沙一样。

学恒：别的不说，就冲现在都两千五六百年了，这个文化还在，我们就更应该有自信。

曾伟：中国经济能够那么快复兴，跟这种文化根基有很大关系，文化是一个很重要的因素。

虚白：中国能够复兴那么快，我总结其中的原因就是中国人的自强不息，我把它叫自健力，中国人没有失去自健力。由于批孔，也由于明清的堕落，中国人失去了厚载力，厚德才能载物。

我们现在讲《论语》，不是要把《论语》的自健力展示得多美，而是让厚载力，也就是人在社会当中的群体关系、人在天地之中的神我关系，让这种神明重新回到中国人身上，这个才重要。自强不息的人若失去神明，那多苦，多了无趣味！

曾伟：我觉得这种文化一直支撑着中国人。你看改革开放后，农村人、读书不多的人，都成了做生意、办企业的天才：温州人成了做生意天才，潮州人成了做生意的天才，广东人敢为天下先。你都不知道他们哪儿来的这种胆识和才能。

邓小平只给了一个政策：开放搞活，中国就快速地发展起来了，这是为什么呢？因为中国自由民的历史。自由民历史铸就的自强不息精神、自信的基因流淌在这些创业家的血液里。

中国改革开放的动力真的来自传统文化的这种基因，对此我深有体会。我接触过成千上万的珠三角、长三角的老板，也包括现在内地的一些老板，他们书没读多少，甚至创业前都没出过远门，但洗脚上田就能把一个企业搞得红红火火，几百人几千人就跟他干，这的确有些让人不可思议。

虚白：台州有个叫红宝石的企业，是做缝纫机的，当年那个老总曾到一个缝纫机厂打工，后来买了一台破车床。他是农民，家里没有多少钱，他就用这台破车床在家里做了一个小缝纫机，然后跑到广交会去卖，问人家：你订不订？后来有人给了他一个大单，他就发展起来了。

曾伟：这就是孔子讲的“虽百世，可知也”，这种自由民的精神、这种自信的基因传了一百多代了，传到现在，在改革开放时又迸发出来。如果我们对改革开放做这样的注解，我相信真是很鼓舞人心的。这是文化复兴在经济领域的体现，或者说文化传承在经济领域的体现。

虚白：是这样。所以，在世界的历史长河中，中国文化特别有意思，你看，当古埃及都有金字塔了，中国人刚发生炎黄大战，中华文明最早那个细胞刚诞生。炎黄大战逐鹿中原，把蚩尤打败的时候，古埃及那里都有完备的国家组织了。

曾伟：五千多年以前。

虚白：对。中国人是先落后的。两河流域文明时期我们是落后的，古埃及时期我们也是落后的，再往前我们也是落后的。人家在新石器时代，是手执石器，而我们新石器时期是抛掷石器，手执石器是对手臂的延长，抛掷石器算什么？跟大猩猩似的。

我们一直落后，但进入青铜器时期，中国人一下子就把西方人甩开了。青铜时代的冶铁技术、冶铜技术非常精巧，你看兵马俑的那个铜马车，它绝对是工业化、标准化大规模生产的。是什么东西让中国人大放光芒？不是出了一位好皇帝、一个好天子，是出了一个好文化。

青铜时代我们有什么文化呢？我们有《尚书》，有《诗经》，有《周易》。实际上《黄帝内经》虽然是战国时期写的，但它最初的蓝本早就有了。所以中国文化最核心的东西，就是在殷末周初形成的，最典型的是《周易》。

学恒：我想这么来理解文化：任何一种优秀的文化，它的生命力都是很顽强的，都有一种内在的基因。从春秋末期算起，到现在中国的历史是两千五六百年。这段时间，中国经历了无数的起起落落，改朝换代，但每当这个社会偏离我们文化太多的时候，文化内在的力量总能把它拉回来。

曾伟：纠偏。

学恒：借用马克思经济学的术语，就是价格围绕着价值波动。我们这种文化的自纠能力是很强的。

曾伟：社会是相，文化是体。

虚白：为什么文化的根不断？因为这个根立意高，就是《周易》立意高，在我们的文化里，从人、集体到国家，再到天地，是贯通一体的。

一个德国人到美国，不用等到第二代，第一代就没有人说他是德国人。可是中国人在美国生活多少代还是中国人，包括美国那些有名望的中国人。中国人不被同化的地方是什么？就是贯穿中国人血液的由个体到家到国到天下的一统的文化。

曾伟：就是这种整体的生命观，百世还是那一个生命。

所以“虽百世，可知也”。因为是同一个生命，当然“虽百世，可知也”，它没有断，也没有变成别的，它一直就是那一个。

虚白：是的。你看青铜时期之后，一直到文景，好长时间中国其实并不厉害，再往后看，汉很快就不行了，到魏晋时期国家那个乱啊，随便一个少数民族都能欺负你。但到隋朝，短短的二十几年，这种文化马上聚合了。日本人派遣隋使来学隋，隋还修了大运河。隋人口不多，两三千万人分布在全国各地，但只用了十几年就把大运河修成了，这就是中国人。

日本人觉得隋已经很了不起了，就派遣隋使来。但到了唐朝，他们一看唐更不得了。唐到中期，安史之乱后逐渐衰落，进入五代，五代又是一个黑暗的时期。

曾伟：这期间又是几百年。

虚白：对。到了北宋，没用几年开封就又成了世界上独一无二的不夜城。

曾伟：没有文化凝聚的力量，肯定就会一直四分五裂，怎么可能又快速地聚拢！

虚白：而且是飞速发展，马上就进入盛世。但盛世之后，又会有好长时间的分裂和混乱，混乱与强盛周而复始。

学恒：但总有一条轴不会断，总有一个东西会把它拉回来。

虚白：中国为什么总能够短期复兴？是因为我们的文化根基——自强力。

曾伟：就是自强不息。

学恒：只要土壤合适、气候合适，只要温故，新芽就能长出来。

虚白：精英、儒学、自由民传统，只要这三个合在一起，百世复兴。再加上社会主义制度保证公平正义。这三者在社会主义制度下协调，将使中国未来百世复兴。

曾伟：我们来读《为政篇》最后一章、第二十四章。

子曰："非其鬼而祭之，谄也。见义不为，无勇也。"

虚白：不该你祭的你祭，谄也。

曾伟：谄媚，献媚。

虚白："非其鬼"，古代的鬼跟我们今天说的鬼不一样。

学恒：指祖先。

虚白：是的。

学恒：祭鬼也要祭正宗。鬼代表着神灵，祖先的神灵怎能乱祭呢？现代中国人有一个毛病，就是见庙就进，见佛就拜，这种拜佛实际上不是修行人的拜佛。

曾伟：交易性的。

学恒：所谓“求神拜佛”，就是有求才去拜。孔子不赞同这种拜法，不是你的鬼，你乱拜什么呢？是你的鬼，他满足不了你所求也得拜祭呀，你祖先的神灵能弃之不理吗？

虚白：对，此处给假洋鬼子画了一幅画，我们现在的某些人不就是这样吗？

学恒：关于这一点，我还有一个理解：这个鬼，既是我们祖宗，也是民族之魂。

曾伟：对，民族之魂。所以，这段话与前面那句“百世可知”放在一起，意思是什么呢？就是要想“百世可知”，就必须抓住文化的根脉、民族的灵魂，而不是去祭别人的祖，认别人的宗。“非其鬼而祭之”是会背祖忘本的，这当然谈不上“百世可知”了。

虚白：是其鬼而祭之，就是文化的回归。非其鬼而祭之呢？则是谄媚，跟你没有关系的鬼，它会扶佑你吗？

我们再看：“见义不为，无勇也。”首先我们要明白，并不是所有的无畏无惧都能称为勇的，杀人犯也无惧，能叫勇吗？不能。中国人注重什么样的勇呢？

曾伟：大勇。

虚白：对，像文天祥那样舍生取义、杀身成仁的勇。

曾伟：杀自己的身，成了真正的人（仁）。

学恒：孔子说："志士仁人，无求生以害仁，有杀身以成仁。"这是孔子的生死观，求生不能害仁，如果迫不得已，应杀身成仁。或者说，民族文化的"仁"保住了，一切就都保住了。

曾伟：说明这个仁真是一个生命种子的概念。人身死了，但只要"仁"还在，文化还在，生命的种子就还在，这个种族就一定能薪火相传，虽百世，亦可知也。

虚白：我觉得孔子这句话点中了要害："非其鬼而祭之"、"见义不为"是文化断裂的前兆。我们今天不是已经有这样的征兆了吗？

学恒：到这里，我们也明白了孔子为什么那么重视这个礼。因为孔子这个礼很多是用在祭上的，祭什么呢？祭的是祖先，祭的是我们自己的民族之魂、文化之根，当然要庄严、隆重而正式了。现在也能理解孔子为什么会对那些僭越的、不按礼制来做的人深恶痛绝。

另外，孔子还有一句话"敬鬼神而远之"，不是你的鬼，你不要去献谄，但也要保持一种敬，不要轻视人家，要敬而远之。

曾伟：我觉得最后这两句话，其实就是传百世的两个原则，一个是不忘祖，一个是明大义。

虚白：一个是祖，一个是义。

学恒：对于祖，不能忘，要常祭奠。而如果义受到了伤害，就是仁受到伤害的话，我们就得有勇气来取舍，就得杀身以成仁，这样的民族文化才能永垂不朽！